JN069621

子どもの本をたずさえて、
新しい世界を
さがしに行きませんか？

もくじ

子どもの本から世界をみる

子どもとおとなのブックガイド88

0 ともに生きる 8

1 絵本で哲学 26

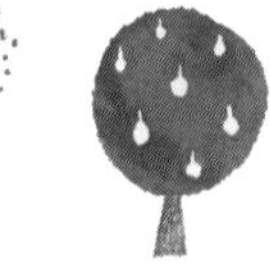

2 こんな想いもあった 58

3 家族・学校…毎日が生きづらい 76

4 過去と未来を見つめて

5―知らなかったけど…知りたい世界

6 多様な豊かさにふれる

7 ことばを楽しむ 188

・本書は、教育科学研究会編集月刊誌『教育』1990年11月号から2018年3月号の連載「子どもと本」欄から、2000年以後を中心に84回分の記事をもとに、書き下ろし4点を加え、加筆・再構成しています。
・本書制作にあたっては、「追記」等により、新しい情報を補筆しています。
・『教育』1983年1月号～2018年3月号まで、35年3か月にわたり小欄にて紹介した約500作品の一覧は、本書巻末に掲載しています。

★本書掲載の書籍が「品切れ」の場合は、図書館等でご利用ください。

ともに生きる

2020年——戦後75年のこの年を
私たちは、どんな地平に立ってふり返ることができるだろう。
人と人との格差、分断、排除がすすみ、
政治は、自らの社会への信頼を失わせていった。
私たちはずっと、未来へ向けて、
子どもたち・若者たちに、夢や生き方を問い続けてきた。
だからこそ今、生きること——生存そのものへの不安をかき立てる世界を
彼らに手渡してはならない。
地球のすべてのいのちと、

ともに生きる知性と想像力が求められている。

絵本

おばあちゃんとバスにのって

マット・デ・ラ・ペーニャ 作
クリスチャン・ロビンソン 絵　石津ちひろ 訳
鈴木出版　2016年　32p
幼児〜

キーワード　おばあちゃん　バス　ボランティア食堂

ささやかな日常に宿る豊かなまなざし

オレンジの地色の表紙は、バス停で待つおばあさんと子どもの穏やかな絵柄を映えさせ、インパクトがあります。場面は、おばあちゃんとジェイが、教会から出てきたところから始まります。通りには雨。ジェイは「あめなんて　やだな！」。「でもね、きはのどが　からからだったみたいよ」「ほら　みて、あの　おおきな　き！　ストローでみずを　ごくごく　のんでるでしょ？」とおばあちゃん。ジェイには見つかりません。

ジェイとおばあちゃんがバスを待っているあいだに、友だちのコルビーは、車で行ってしまいます。「おばあちゃん、なんで　ぼくたちは　くるまに　のらないの？」「だって、バスのほうが　たのしいじゃない？」。

バスに乗ると、運転手のデニスさんは手品でコインを取り出しジェイにくれました。バスには、ギターを弾く男の人やチョウを入れた瓶をかかえるおばさんも乗っています。「きょうかいの　あとは、なんで　ぼくたち、いつも　あそこへ　いくの？」「ミゲルや　コルビーなんて、ぜんぜん　いってないよ」。「あら、ふたりとも　かわいそう！」。おばあちゃんはユーモアたっぷり。

目の不自由な男の人が乗ってきました。席をゆずり、たいへんだろうなと言うジェイに、おばあちゃんは耳でもちゃんと見られると答えます。男の人は「そのとおり。はなでだって　みられますよ！」「マダム、きょうは　いい　こうすいを　おつけですね」。

イヤホンで音楽を聴くおにいさんふたりが乗ってきました。「ぼくも　あんなのがほしいなあ」。おばあちゃんは、目の前のギターを持った人に歌ってってお願いしてみたらと答えます。ギターの男の人がポロロンとギターを弾き歌い始めると、目の不自由な人は、「おんがくの　まほうを　かんじたかったら、めを　つむると　いいですよ」。

ジェイが目を閉じた場面。見開きのアップで、大きく手を広げたジェイ。「ジェイには　いろんな　ものが　みえた。／くだける　なみに　とけていく、オレンジいろのゆうやけ。…うつくしい　メロディーに　つつまれながら、ジェイは　からだじゅうでおんがくの　まほうを　かんじていた」。

バスが終点のマーケットに着くと、ジェイはおばちゃんの手を取って「このへんはいつも　きたなくて、ぼく　いやだなあ」。「ここでも　ちゃんと、うつくしい　ものはみつけられるのよ」。おばあちゃんは空の虹を指さすのでした。

ジェイとおばあちゃんがやってきたのは、〈ボランティアしょくどう〉。恵まれない人たちがたくさん集まっています。「みんな　こんにちは！　ぼく　やっぱり、きて　よかった！」「わたしも　きて　よかったわ。さあ、はじめましょ！」。

私が自宅でひらいている家庭文庫で、奥付の〈ボランティアしょくどう〉の説明まで読み終わると、いつもすみっこでそれぞれマンガを読みふけっている6年生男子たちが、ふと目を上げるのを感じた。ちょうど参加していたお母さんたちのやわらかな相づちがあった。ほのかな共感に包まれた瞬間だった。

（三輪ほう子）

追記

〈ボランティアしょくどう〉は、アメリカでは〈スープ・キッチン〉と呼ばれる施設で、家のない人や食べものに困っている人たちに、無料で温かい食事がふるまわれるとのこと。ボランティアの人たちによって、あちこちで運営されています。集まってくる人たちは、お手伝いする人も食べる人も、みんな仲のよい友だちです。（奥付より）

受賞

原書は、2016年ニューベリー賞
2016年コルデコット賞オナー賞
日本では、2017年第64回産経児童出版文化賞翻訳作品賞

ノンフィクション

ぼくはイエローでホワイトで、ちょっとブルー

ブレイディみかこ
新潮社　2019年　254p
中学生～

多様性格差社会をしなやかに生きる英国中学生の日々

「ぼくはイエローでホワイトで、ちょっとブルー」。ひょんなことから主に貧しい白人の子どもたちが通う「元底辺中学校」に入学した息子がノートの端に書いた落書き。見た目は東洋人の息子がこんなことを書きたくなる何かを経験したのか？　アイルランド人の配偶者、息子と英国に暮らす著者が、中学で起きるさまざまな出来事や子育ての日々を綴（つづ）る。ＥＵ離脱に揺れ、貧困と分断がすすむ英国の今をリアルに描き出し、「多様性格差」社会とどう向きあい、生きていくのかを考えさせられた。

息子の２人の友人は、ハンガリー移民の両親を持つダニエルと高層団地に住むティム。互いにいがみあう友人との板挟みになった息子は、雨の朝、学校に車で送ってくれるという２人からの誘いを断って飛び出していく。多様性って「ややこしい」「楽じゃない」と嘆く息子に、母親は「多様性は、うんざりするほど大変だし、めんどくさいけど、無知を減らすからいいことなんだ」と話す。

制服リサイクルのボランティア活動に参加し、家でミシンをかけている母を見て、息子は、年季の入った兄のお古を着ているティムに制服をあげたいと考える。しかし、ティムが喜ぶとは限らない、傷つけてしまう可能性もある。家に連れて来て制服を手渡したとき、「どうして僕にくれるの？」というティムの問いかけに息子がとっさに言ったことば、「君は僕の友だちだから」が心にしみる。

息子は、シティズンシップの授業で学んだ「エンパシー」について家族と語りあう。エンパシーは、「自分とは違う立場の人々や、自分と違う意見を持つ人々の気持ちを想像してみること」「つまり他人の靴を履いてみること」。今の社会で起きている混乱を乗り越えていくには、こうした力が大切になるという。EU離脱派と残留派、移民と英国人、さまざまな階層の移民どうし、階級の上下、貧富の差など対立と分断が深刻化する英国で、11歳の子どもがエンパシーについて学ぶことの意味を母親はかみしめる。

複雑で多面的な英国社会、教育の現状が浮き彫りにされる。人種が多様なのはリッチで優秀な上位校、元底辺校は白人労働者階級の子どもがほとんどである。貧困地域の学校の教師は、自腹を切って子どもや家族のためにバスの定期代や食料代を出す。大雪の日、慈善団体が路上生活者を受け入れ、食事や温かい紅茶を配る。ナイトクラブやカフェも彼らを受け入れている。相互扶助の精神が発揮される英国の懐の深さを感じる。

ラストで、息子は「ぼくはイエローでホワイトで、ちょっとグリーン」だと母に語る。未熟とか経験が足りないという意味の「グリーン」。このことばに母親は息子の成長を感じ、人種の違う両親、移民から生まれたから「ブルー」というのは、きっと前時代的なコンセプトなのだと考える。子どもの発見や学びが新鮮で、困難な状況を切りひらく若い世代の可能性を感じた。

同じ時代を生きる者として子どもとともに社会を見つめ考えあう著者の姿勢、しなやかで温かな子どもを見る目に、脱帽！です。

（鈴木佐喜子）

追記

第2回本屋大賞ノンフィクション本大賞、第73回毎日出版文化賞特別賞、第2回八重洲本大賞、埼玉県の高校図書館司書が選んだイチオシ本2019第1位などを受賞。

著書に『子どもたちの階級闘争――ブロークン・ブリテンの無料託児所から』（みすず書房、2017年）、『女たちのテロル』（岩波書店、2019年）、『ワイルドサイドをほっつき歩け――ハマータウンのおっさんたち』（筑摩書房、2020年）など多数。

物語

むこう岸

安田夏菜
講談社　2018年　258p
小学校高学年〜

キーワード　子どもの貧困　海外ルーツの子ども

権利であることをこそ受けとめたい

12歳の春、山之内和真（かずま）は医師の父の期待に応えて超難関私立中学に合格した。ところが、入学後の成績がふるわず、中3を前に退学する。和真が私立中学受験に励んでいた頃、同い年の佐野樹希（いつき）は父が借金を残して事故で急死する。直後に妊娠がわかった母は「パニック障害」と診断されたが、親切な看護師のおかげで生活保護を利用することができた。出産後も病気がちの母に代わって妹の面倒をみてきた樹希も中学3年になった。そして、私立中を退学した和真が樹希のいる公立中学に転校してきた。

ある日の放課後、麦茶とまちがえて梅酒を一気飲みし、酔っ払って陸橋から身を乗り出していた和真。死のうとしていると勘違いした樹希が、思わず声をかけるところから2人の出会いと物語が始まる。そして、酔っ払った和真のわめきから、有名中学を退学したという和真の「秘密」を樹希は知ることになる。

樹希は、市が生活困難層の子どものためにやっている無料塾に通っていたことがある。その無料塾で知り合った渡辺アベルは、暴力を振るうナイジェリア人の父と別れ、朝から晩まで働きづめの母と暮らしている。樹希は同級生に生活保護を利用していることがバレて、「生活保護ってずるくね?」と言われ、無料塾もずるいと言われそうで行くのをやめた。すると、アベルもやめてしまった。しかし、中1のアベルはこのままでは中学の勉強についていけない。どうにかしたいと思っていた矢先、樹希は和真の秘密を知ったのだった。そこで樹希は、秘密をバラさないかわりに、アベルに勉強を教えるよう和真に迫った。「自分とアベルは貧乏村、和真は金持ち村だ」という樹希と、「生活レベルの低い人たちが苦手だ」とビビる和真は、広くて深い川の「むこう岸」にいるかのようだ。しかし、アベルにねばり強く小学校の算数から教えていくうちに、アベルに「先生」と呼ばれ尊敬されるようになった和真は、私立中学で落ちこぼれたために失っていた自信や勉強の楽しさを取りもどしていく。

「生活保護家庭の子は、大学行っちゃいけないの。高校出たら『働く能力あり』だから、就職しなきゃなんないの。進路を選ぶ自由も、将来を夢見る権利も、うちらみたいな貧乏人にはないんだよ。ねえ、どう思う?」。樹希にそう問われた和真は「生活保護家庭の子は、大学に行っちゃいけない」のは、ほんとうかと驚き、生活保護制度を調べ始め、樹希に大学進学できることを知らせる。学校の中で優劣を競うために勉強してきた和真だが、その「賢さ」が「むこう岸」に橋を架けていく力として発揮される。

制度を利用することにためらう樹希に「ずるくはない。それは権利だ」と和真は言う。しかし、きれいごとだと思ってしまう樹希は、幼なじみの叔父の「いずれは社会全体の利益になる」「施しを受けているんじゃない。社会から、投資を受けているんだよ」という説明にようやく納得できて、どうどうと制度を利用しようとする。

あなたの権利だといわれるだけではなく、社会みんなの利益になると言われてはじめて胸を張れる。これも福祉貧困社会の日本のリアリティのひとつだろう。　（片岡洋子）

受賞

2019年第59回日本児童文学者協会賞
貧困ジャーナリズム大賞2019特別賞
2019年国際推薦児童図書目録「ホワイト・レイブンズ」に選定

ノンフィクション・写真絵本

ここで土になる

大西暢夫
アリス館　2015年　40p
小学校中学年〜

キーワード　ふるさと　大地　ダム建設

そこで生き続ける人々の人生の陰影

昭和の時代のダム建設で、水底に沈んだ村は、いったいいくつあったのだろう。私たちは、そんなことに気をとめてきただろうか。この本で写し撮られた子守歌で知られる熊本県五木村は、ダム建設計画が途中で見直され、大地は守られることになったが、村は大きく変わり、村人はいなくなった。

「…それぞれの時代の考え方や人の都合の変化によって、半世紀もの間、その計画は揺さぶられ続けた。…そんな状況でも、村人は暮らし続けてきた。ここがふるさとだからだ。／しかし、世代をまたぐ長すぎる計画に、疲れ果てた。…その渦の中で、流れにまどわされることなく立ち続けたのが、田口の大イチョウと尾方さん夫婦だった」（あとがき）

ダム建設のための移転は、村のご神木でもある大イチョウとその下にある共同墓地にも及んだ。「村人の優しさや知恵や迷いが、複雑にからまった答えだったのだろう」。

小学校の子どもたちでにぎわっていたときもある五木村には、旅館も八百屋もあり、民家も集まっていた。でも今は、尾方茂さんとチユキさん夫婦しか暮らしていない。「ほかの村人は、全員ここから引っこしていった」。ショベルカーが家を壊し無残な爪痕を残しても、ふたりは穏やかに笑っている。尾方さんの家は、130年くらい前に先祖が建てた古い家で、尾方さん夫婦は、その近くの畑で、そばや麦や、大根や野菜などを今もつくっている。「村では、お金がなくても暮らしていけた」。

大西さんは、くり返し五木村を訪れ、一瞬を切り取るはずの写真で、また長い年月をも写す。チユキさんの黒い髪が、ページを繰って気づくと、美しい真っ白に変わっている。ふたりの深い皺（しわ）が織りなす陰影に魅せられて、大西さんは、五木村に通い続けたのではないかと思うほど、茂さんとチユキさんのまあるく笑う顔は、その年輪を見飽きさせることがない。

大イチョウも引っこしさせるために組まれた足場、ダム建設は止まっても造られ続ける道路の橋げたが、ふたりのやわらかな皺深い肌を威圧するかのようにそびえる。人間の仕業というものは、こんなにも臆面もなく無機質なものなのか。

本のなかのモノクロ写真の陰影の深さがいとおしく、思わず本のページをなでる。どうぞ、みなさんもさわってみてください。細かな粒子を感じ取るようなざらつきを。

ここで土になる――これに対をなすようなタイトルの大西さんの写真絵本『おばあちゃんは木になった』もある。どちらも、いのちと、ふるさとたる大地を抱くことば。大西さんが見つめ続けた人とその人生から紡ぎ出したことば。

水力発電にも火力発電にも取って代わった原子力発電の、その発電所の事故が日常を脅かす時代の子どもたちに伝えたい。人間の仕業によってふるさとを追われても、そこで生きることを、自分の人生の最後の場所を自分で決めることをあきらめなかった人々のことを。少し昔の昭和の時代から、静かな意志をもち穏やかに生き続けている人々のことを。

（三輪ほう子）

参考

『おばあちゃんは木になった』
大西暢夫、ポプラ社、2002年

物語

モレ村の子どもたち

黄晳暎（ファン・ソギョン）文
キム・セヒョン 画　波多野淑子 訳
新幹社　2019年　163p
中学生〜

キーワード　朝鮮　戦争　短編集

朝鮮戦争を生き抜いた子どもたちの記録

著者のファン・ソギョンは、現代韓国を代表する作家である。1943年生まれの著者は、第2次世界大戦後、朝鮮半島にくり広げられた痛切な歴史体験とともに生き、それを文学を通して世界に発信してきた。軍事政権下の韓国で民主化運動に積極的に参加し、文化運動にも深く関わってきた。当時の法律を犯して北朝鮮に渡りドイツに亡命した。その後、パリ、ロンドン、アメリカにも渡り、東アジア情勢に常に軸足を置きながら「行動する作家」として、今も、自由な精神を失うことはない。

この『モレ村の子どもたち』は、作者が朝鮮戦争直後の混沌(こんとん)とした時代背景のなかでの体験を、自分の子どもたちに残す思いで書いた短編集である。

1945年――それまでの30年あまり、日本の日韓併合により植民地として生きなければならなかった朝鮮半島の人々にとって、やっと日本から解放された年であった。喜びもつかの間、朝鮮半島はソ連とアメリカという大国の権力闘争に巻き込まれ、1950年に、朝鮮戦争が始まる。それから3年間引きずった戦争は、53年の休戦協定で取りあえず締めくくられた。38度線で朝鮮半島は今も北と南に分けられ、70年近く過ぎても人々は自由に往来はできない状態である。

勝利者のいない戦争とも言われる朝鮮戦争は、民族同士が戦わなくてはいけなくなった戦争であり、家族が北と南に生き別れにされた戦争でもあった。

そうした過酷な時代の中でも、人々は何とか生活をし、生き抜いてきた。本書に描かれた10篇の物語は、著者の分身と思われるスナムという男の子の視点で、その時代が描かれている。

その中の1篇「幽霊狩り」では、北（人民軍）に協力したという理由で、青年団の手によって、地域住民が虐殺された事件を扱っている。「…人の死は、いつもぼくたちの近く、ぼくたちの村の中にあった。あそこで火の玉を見たという噂が広まるのは当然だった」。人の死すら遊びの道具にしてしまう少年たちのたくましさと、事実の重さ。

どれも生々しく、悲痛な物語なのだが、あえて、著者はあとがきでこうも述べている。「いまおとなになって、わたしは悟った。生きることはむなしいようだが、瞬間ごとに消えることのない美しさと暖かさが暗闇の中で光っている。いまもそうではないだろうか。／子どもたちとおとなたち、そして自分自身のために、今日もあちこちの村と街角で生き抜かれている時間を記憶させたいと思う」と。

それは、物語が時系列に語られていないことも、挿し絵がすべてセピア色だけで描かれていることも、作者の思いに重ねられる。朝鮮戦争がどのような戦争であったかは、現在、若い世代を中心に日本人はほとんど知らないでいる。訳者の波多野淑子が「作品理解のために」として、巻末にわかりやすい解説を付けている。

隣国・朝鮮半島に起こったことは、日本でも起こり得たことだった――そのことを肝に銘じて、本書を子どもたちに手渡したいと思う。

（川上蓉子）

巻頭

ともに生きていくものはみな美しい。
　今日のようにつらい日
　ひとりぼっちの誰かが
自分の中の子どもを訪ねて行く
ともに生きていく「あたたかい社会づくり」に
　この本が少しでも役立つなら嬉しいことだ。

二〇〇二年八月　黄晳暎
（本書巻頭言より）

物語

Wonder ワンダー

R・J・パラシオ　訳 中井はるの
ほるぷ出版　2015年　421p
小学校高学年〜

キーワード　顔面異形　学校生活　いじめ

世界中のだれもに総立ちの拍手喝采を！

「下顎顔面異骨症（かがくがんめんいこつしょう）」で生まれたオーガスト、通称オギーの目鼻耳の位置や形はふつうではない。10歳の新学期、オギーは不安をかかえながら生まれて初めて学校に通いだす。恐れていたように、横目で顔を見られ、隣に座ってくれず、身体が触れるのを嫌がられ、学校生活の始まりは苛酷だ。だが、オギーは学校を気に入る。授業はおもしろいし、自分のことに変にこだわらずユーモアのセンスがあるオギーを気に入ってくれる友だちもできた。

しかし、ジュリアンは級友たちにオギーいじめをそそのかし続ける。仕方なくジュリアンに調子をあわせて友だちが言った「僕があんな顔だったら、自殺しちゃうよ」を聞いて、オギーは打ちのめされる。誤解を解こうする友とそれに応えるオギーのメールのやり取りは感動的だ。半年も経つころにはオギーと冗談を言いあう友だちが増えた。野外学習最終日、オギーの顔を見た他校の高学年の生徒たちに「化け物だ」とからまれたとき、ジュリアンの取り巻きだった男子3人が必死に助けてくれた。学年最後の修了式会場で、オギーは「自分自身の魅力で多くの心を動かす人」として表彰され、総立ちの拍手喝采を受ける。

「ママ、ぼくはどうして、こんなにみにくいの?」とオギーが問わざるをえない深い苦悩が起点だが、決してつらい物語ではない。それはオギーの両親の賢明な強さにある。

父親は、オギーが顔を隠すために宇宙飛行士型のヘルメットを被り続けるのにがまんができず、ヘルメットを密かに捨ててしまう。母親は、「あの子に現実とどうむきあうか学ばせるのが、わたしたちの役目でしょ」とオギーを入学させようとする。

それぞれの決断は、オギーがありのままのオギーを受け入れて生きることを願うからであり、その結果生じるオギーの困難をしっかり支える覚悟があるからなのだ。親が子どもを支えるのはどのような場面で、どうしたらいいのか、そのヒントを本書は教えてくれる。

オギーが1年を終えて作った宿題の格言は、「世界中のだれもが、一生に一度はスタンディング・オベーションを受けるべきだ。だって人は必ずこの世に打ち勝つんだから」だった。そのとおりだ。だがそのためにはこの学校の校長や教師、オギーの両親のように、打ち勝つまでの子どもの困難や葛藤を想像し、見守り、判断し、支えるおとなたちが必要になる。

本書はオギーの視点で書かれた章と、姉と友だちたちの視点で書かれた章とで構成されている。それぞれの葛藤のなかで自分を見つめ自分の生き方を選び取っていく過程がリアルであり、視点の交錯によって単純な対応ではいかないことがわかる。親世代が読むとおとなとしての支え方に、小学校高学年が読めば級友たちの葛藤に、中高校生なら「オギーの姉としてではなく私自身を見てほしい」と願い葛藤する姉ヴィアに注目するかもしれない。読者の問題意識しだいでいろいろな読み方ができる。

（田代康子）

追記

2017年7月に『もうひとつのWonderワンダー』（ほるぷ出版）が出版された。本書で取りあげられていない友だち、いじめっ子ジュリアン、幼なじみのクリストファー、同級生のシャーロットの視点からオギーとのことが語られている。2018年6月には、『365日のWonderワンダー――ブラウン先生の格言ノート』（ほるぷ出版）も出版。

2018年、「ワンダー　君は太陽」として映画化もされた。同年、絵本『みんなワンダー』（アルファポリス）も出版。

マンガ・物語

聲の形　こえのかたち　全7巻

大今良時
講談社コミックス　2014年完結　各巻192p
小学校高学年～

キーワード　いじめ　障害

声にならない聲を聞く

「このマンガがすごい2015」オトコ編（宝島社）第1位となった話題作。『週刊少年マガジン』に連載だったためオトコ編なのだが、作者は若手の女性マンガ家だ。

小学6年の石田将也（しょうや）は退屈な日常が嫌いだ。だから毎日、橋から川に飛び込むなど危険な退屈しのぎに興じている。ところが、危ない度胸試しを友だちが敬遠し始めた。ほかの退屈しのぎを探そうとしていた矢先、耳が聞こえない西宮硝子（しょうこ）が転校してきた。ノートでの筆談、聞き取れない発音などへの教師やクラスメートのとまどいを見抜いた石田は、「クラスに実害をもたらす邪魔者だ」と教えるためだと、硝子へのいじめに夢中になる。しかし、その「なんて楽しい日々」は長続きしなかった。

壊された補聴器の多額の損害賠償が硝子の母親から請求されると、いじめの共犯者や観衆だった者たちは石田ひとりに罪をかぶせる。そして、転校していった硝子に代わって、石田をいじめの標的にする。「いじめっ子」「女子を転校させた」という烙印は中学、高校へと語り継がれ、石田は孤立し続けた。

高3になった石田は自殺を決意し、死ぬ前に硝子に会いに行く。そこを起点に過去と現在の石田と硝子、それぞれの家族、クラスメートたちの事情が明らかになっていく。硝子に会うために手話を学んだ石田は、硝子の聞こえなかった声を聞こうとする。やがて聞こえる者たちの発しなかった声が聞こえていく。謝って消えるはずだった石田が思いがけず、硝子と友だちになれるかと問い始める。死ぬことでなく、別の決着を求めて、石田自身が自分の声を探しながら、硝子とだけでなく、かつての級友たちと出会い直していく物語がここから始まる。

自分を無視し蔑む高校のクラスメートを「嫌いだ」と心の中で石田が拒絶すると、その顔に×印が付く。高3で再会した小6のときの理解不能な同級生たちの顔にも、×印が付けられる。その×印がはがれ落ちる瞬間への描写は、マンガならではだ。それらの×印が消えていくまでの石田自身の変化は、7巻まで続く。

お互いにシングルマザーの石田の母と硝子の母は、加害者と被害者の親として出会う。しかし、謝罪の関係が入れ替わり、やがて共感しあう場面も訪れる。その伏線として、凍りついたような硝子の母の表情の裏側の事情を、硝子の祖母の語りが明かす。硝子の妹で不登校の中学生の結弦（ゆづる）は、生き物の死骸の写真を撮るのが趣味だ。その写真を部屋に貼っていた理由は、終盤でわかってくる。

自転車をパクられそうになって石田に助けられて以来、石田を親友と呼ぶ永束（ながつか）。かつて自分をいじめていた同級生が子どもを産むことを知り、その子の担任になるために教員を目指しているイケメンの真柴（ましば）。石田が高校で出会った彼らが中心になって、過去を生き直す映画をつくる。その映画づくりで編み直される石田らの関係性が、成人式での再会のエンディングへとつながっていく。

傷つけ合った過去の修復から、未来への希望を描いた秀作だ。

（片岡洋子）

追記

2016年に劇場版アニメーションが監督・山田尚子、脚本・吉田玲子、京都アニメーションによって制作され、松竹から配給。

絵本

世界の難民の子どもたち
全5巻

監修 **難民を助ける会**
作 **アンディ・グリン**　訳 **いわたかよこ**
ゆまに書房　2016年　32p
小学校低学年～

キーワード　難民　本当の話　よその国

子どもの難民の気持ちを感じ取る絵本

地元の図書館で、子どものイラストがアップとなった表紙が並んでいるのを見たとき、どれもが暗い表情で、気持ちがずんと沈んだ。

しかし、強烈で、思わず手に取った。小学生から読める子どもの難民の絵本が5冊ものセットで刊行されていることに驚き、さらには移民・難民問題で揺れるイギリスのBBC放送で絵本の刊行に先がけてアニメがつくられていることに敬服した。ヨーロッパの難民問題の重さとそれに直面する社会の受けとめの深さをも感じる。

正直、私には、表紙のデフォルメされたイラストに違和感があったし、難民の置かれた状況が、日本の子どもたちに「わかる」とは、とても思えなかった。そう思いながらも、自宅で続けている家庭文庫「ぽけっとことしょかん」の幼児から小学生の場で、一緒に読んでみた。読み進んでいくと、思いのほか本文の絵は美しく、デザイン性も豊かだった。アフガニスタンのアリが、おばあちゃんと出かけようとする場面、窓の外から入る光、降り立った飛行場の夜のシルエット。イランのナビッドとおかあさんが、警官に呼び止められ警察犬にほえられる森の中、大きく描かれた警官と犬、小さくすくむナビッドたち。闇の中のライトのまぶしさ。

エリトリアのハミッドのコラージュ、紅海の波の青。ジンバブエのジュリアンの、かつて暮らしたのどかな農場風景や孤児院のステンドグラスの輝き。ユーラシアのレイ

セット

世界の難民の子どもたち 全5巻

1 「アフガニスタン」のアリの話
絵 サルバドール・マルドナド
2 「イラン」のナビッドの話 絵 ジョナサン・トップフ
3 「エリトリア」のハミッドの話 絵 トム・シニア
4 「ジンバブエ」のジュリアンの話
絵 カール・ハモンド
5 「ユーラシア」のレイチェルの話
絵 サルバドール・マルドナド

チェルの夜の光の美しさ、夜景の広がり。夜のシーンがことさら印象的だ。

表紙にはどれも「ぼくはアリ。これはアフガニスタンから脱出してきた、ぼくの本当の話。」と添え書きされている。固有名詞で語られ、「本当の話」という重みが子どもたちをとらえる。

そして、新しい地で子どもたちはそれぞれ学校に通う。でも、ことばがわからなかったり、仲間に入っていけなかったり…それは痛切に日本の子どもたちにも響く。イランのナビッドは、休み時間におかあさんが会いに来てくれても、フェンス越しで、「刑務所にでも入れられているみたい」と感じる。宗教や民族や政治への意見が異なることから自国を追われるということが、たとえよくわからなかったとしても、この子どもの気持ちは痛く響く。

はらはらし通しの母国からの脱出——ぽけっととしょかんの子どもたちは、知らず知らずのうちに、子どもの難民の世界に引き込まれて、ずっと集中して読み終えた。複雑な事情は、わからなくてもよいのだと思えた。

こんなに怖くつらい思いをしている子どもがいること、勉強したり遊んだりを安心してできないこと、それこそが「わかる」ことなのだ——そう思った。そういう子どもたちがいる同じ地球に、私たちも今、生きていると、子どもたち自身に感じさせてくれる。

「よその国に来てまで拘置所に入れられているのが、信じられませんでした」

それはどこの国のことだろう。どこか知らない遠い国の話ではない。

（三輪ほう子）

1 絵本で哲学

とにかく子どもたちが喜ぶ絵本、新しい知識や情報を得る絵本、
クイズのように読み解く絵本、写真の魅力が引き出すユーモアいっぱいの絵本、
デザインに重きを置いてアートとして楽しむ絵本…
絵本には、いろいろな楽しみが潜んでいる。
そして、それはどんどん深化も進化もしている。
おとなにとっては、絵本のシンプルでデフォルメされた表現が、
思索や思考を深めることがある。
絵本で哲学――それは、おとなにこそ味わいのある大きな魅力だ。

絵本

りゆうがあります

ヨシタケシンスケ
ＰＨＰ研究所　2015年　32p
幼児〜

キーワード　ナンセンス　母と子　自分の癖

アリッコナイ理由を考える楽しみ

本書『りゆうがあります』は、『りんごかもしれない』で多くの賞を受賞したヨシタケシンスケさんの『ぼくのニセモノをつくるには』に続く絵本。この3作を読んだ小学生が一番おもしろいと太鼓判を押したのは本書だ。

鼻をほじる癖のあるぼくは、お母さんにお行儀が悪いという理由でいつも怒られる。そこで、ちゃんとした理由があれば鼻をほじってもいいんじゃないだろうかと考える。で「えーっと…　その…」と考え出したのが、鼻の奥のスイッチを押してウキウキビームを出し、みんなを楽しい気持ちにするためという理由。こんなアリッコナイ理由がちゃんとした理由だというのだから、子どもたちはニヤリとしてしまう。目からウロコの発想法を知ったのだから、おもしろいはずだ。

本書には、爪を噛(か)む、貧乏ゆすり、ごはんをポロポロこぼす、一段高い所を見つけると必ず登っちゃう、ストローをガジガジしちゃう、汚れた手を服で拭く、お風呂あがりにいつまでも裸のままなど、いろいろな癖が次々に登場する。どれもこれも子どもなら誰もが身に覚えがあることばかりで、〇〇ちゃんだ！とこれまたニヤリとなる。

このちゃんとした理由が奇想天外で楽しい。私が気に入ったのは、花や白鳥や白熊で手を拭くのはかわいそうだから、服で手を拭くだ。濡れた手をつい服で拭き、とたんにこれを思い出して笑ってしまった。ついやっちゃうけれど、本当はしないほうが行儀がいいと自戒する可能性は大だ。

本書のもうひとつの魅力は、ボクのちゃんとした理由をまじめに聞いて、ちゃんと応える母親の対応ぶりだ。「ああ　そうですか。それなら　おかあさんは　もうじゅうぶんたのしいから、ウキウキビームは　これいじょう　ださないでくれる?」とか、「なるほどネ。よーくわかったわ。でも　きたなかったり　おぎょうぎがわるいやつは　なるべく　ひかえていただけるかしら?!」とか、ぼくの考えるアリッコナイ想像の理由を楽しみながら、しかし母親としての要求はきちんと伝えていて感動的だ。

これに応えて、ぼくも、「ね?　ちゃんと　りゆうが　あるんだよ!」と言い、要求には「わかったよ」と言っている。厳しく注意されれば反発してしまうけれど、ユーモアあふれる対応なら素直に反応したくなるんだよねぇと、わが身を反省してしまった。めざせ!　ぼくのお母さんだ。

おとなだって『ついやっちゃうこと』って　あるでしょう?」のぼくの問いに応える母親の癖の理由も傑作。ぼくと母親の余裕ある会話は、線画の絵の表情に的確に表現されていて、それを見て微妙な感情を感じるのも楽しい。

本書を楽しむと、誰かの癖の理由を考えたくなる。アリッコナイ世界は正解がないから理由は無限に考えられる。ユニークで、でもありそうで、だけどばかばかしくって、笑えちゃうのを考えればいいのだが、これがなかなか難しい。ひとりで考えてもつまらない。みんなで理由を言い合って大笑いする楽しみが待っている。

（田代康子）

参考

ヨシタケシンスケさん関連書籍
『りんごかもしれない』
　ブロンズ新社、2013年
『ぼくのニセモノをつくるには』
　ブロンズ新社、2014年
『あつかったら　ぬげばいい』
　白泉社、2020年

大型絵本

マップス　新・世界図絵

アレクサンドラ・ミジェリンスカ＆
ダニエル・ミジェリンスキ
徳間書店児童書編集部 訳
徳間書店　2014年　112p
幼児〜

キーワード　イラストマップ　世界42か国
ひとりで・みんなで

地図に誘われ世界へわき立つ想像力

「世界42か国の名物、名所がぎゅっとつまっています」「家族全員で楽しめる1冊！」こんなコピーで人気を博し、世界20言語以上に翻訳されているイラスト世界地図。およそ縦38×横28センチの大型絵本です。ポーランドのデザイナー夫妻が「何時間でも、何度でも、ながめていられる本を作りたい」と3年がかりで制作した現代の「世界図絵」。

魅力①＝レトロな色調が演出する別世界への誘い。表紙をめくると、現在の地図なのに古地図ふうの古めかしい本文の紙が、知らない世界の扉を開くわくわく感の隠し味となっています。

魅力②＝風土・歴史と暮らしを描くイラスト満載。六大州ごとにシンプルに地理を示しながら、各国の地図では、山・国立公園・植物・動物・建物・著名人・名所・料理など、イラストがページいっぱい描かれています。細部に宿る臨場感には、思わず「行ってみたい！」。本書全体のイラストは4000点にもおよび、一つとして同じものはないそうです。

おもしろいのは海の描き方。薄青い地色に小波のような描き込みは、この本のユーモアあるムードを醸し出しています。奇岩群・油田・砕氷船・コロンブスの乗った船・ヨット・海水浴・フェリー・サーフィン・エビ・エイなど海がこんなに豊かだったとは…。

魅力③＝子どももおとなもいっしょにわいわい楽しめます。地図を読む楽しさは、ひとりでじっくり…という印象でしたが、この本では、ひと目でわかるイラストに、子どももおとなもおしゃべりがはずみます。

私が自宅で開いているミニミニ家庭文庫でも、中学生のおねえさんが、小さい子どもたちにクイズを出しながら『マップス』を紹介してくれました。「ヒグマは8つの国にいます。どこにいるかな?」。スウェーデン、ポーランド…ロシア、日本。たくさんのイラストの中から、子どもたちがヒグマを見つけることの速いこと!

お父さんの赴任先のフランスから帰国した姉妹が、「このへんに住んでたの」と指さしてくれたところには、ヒマワリのイラスト。「ほんとうに、ヒマワリ畑がいっぱいだった」とのことばに、この本への信頼と愛おしさが増したのでした。

魅力④＝日本を知る楽しさ。やっぱり、日本がどう描かれているかは気になりますね。スカイツリーといった新しい観光スポットとともに、紫式部や忍者も紹介されています。琉球諸島はサンゴ礁とともに、「空手は沖縄から広まった」との記述。代表的な名前に、「みさき」「あきら」とあるのは、ちょっと? ルーズソックスでピースサインをする「女子高生」も。「カラオケ　日本で生まれ、世界に広がった」「マンガ　世界で人気」など、日本を見る世界の目を知ることにもなります。それにしても、よく調べてあります。自国ポーランドの次に日本を描いたという作家夫妻ならではでしょうか。

アジアやアフリカの国々が少なめであるのはちょっぴり残念ですが、北極・南極もしっかり描かれていることを思えば、まことにあっぱれ!の1冊です。　（三輪ほう子）

追記

2015年『マップスらくがきワークブック』刊行。

2019年『マップス愛蔵版』刊行。新たに20か国を掲載し、62か国を紹介。アジア・アフリカ・南米の紹介も増える。

絵本

ゆうたくんちのいばりいぬシリーズ

きたやまようこ・作
あかね書房　1988-2018年　各25p
幼児〜

キーワード　犬　人間　友だち

人間を考える犬の絵本

娘が初めてはっきりしゃべったことばは、「ワンワン」だった。うれしさの一方それが「ママ」でなかったことに、この未熟な母親は犬にも負けてしまったか、とがっかりもした。しかしそれならと、図書館にある犬の本を借りまくり犬の写真やポスターを部屋中に貼った。娘は「ワンワン！」と指さしては笑っていた。1歳をちょっと過ぎた頃。「犬」というジャンルがつくれるほど犬の絵本があることには、ちょっとあきれたが、「ゆうたくんちのいばりいぬ」シリーズは、それらの多くとは違っていた。

まず、犬の表情がかわいくない。水色の目は、きっとつり上がり、口は、きゅっと結ばれている。そのうえ、ことばもきつい。

おれ　いぬ。／おまえ　にんげん。
(『ゆうたはともだち』より)

「おれ」「おまえ」なんていうことばは、娘の言語圏にはなかったし、とかく「……ね」「……よ」というやさしい語りかけの多い幼児向けの絵本のなかで、こんな言い切りの語調は強すぎる。でも、寝る前の布団の中で、「おれの　なまえ　じんぺい。」(『ゆうたとさんぽする』)と、ページを開いただけで、娘は身をよじらせて喜ぶ。

おまえ　なでる。／おれ　なめる。／おまえ　すぐ　なく。／おれ　がまんする。
(『ゆうたはともだち』より)

1歳の頃娘が他の絵本で喜んでいたのは、犬そのものであったことに気づく。2歳を

シリーズ（他に別巻2冊、ミニセット、大型絵本）

1　ゆうたはともだち
2　ゆうたとさんぽする
3　ゆうたのゆめをみる
4　ゆうたとかぞく
5　ゆうたのおかあさん
6　ゆうたのおとうさん
7　こんにちはむし
8　こんにちはねこ
9　こんにちはいぬ
10　ゆうたのおじいちゃん
11　ゆうたのおばあちゃん

追記

2018年、シリーズ刊行30周年を記念して2冊同時刊行。

過ぎた娘は、いばりいぬシリーズで、犬というより人間を感じ取っているのだと思った。

　忘れられない光景がある。紹介されて仕事帰りに立ち寄った親子読書会。東京の下町にある団地の集会室に、保育園のお迎えを終えたようすで参加している幼児と母親、小学生の親子や先生たちが20人ほど集まり、夜の薄暗い電灯の下で座卓を囲んでいた。ときどき近くを通る電車の音が建物全体を揺さぶるような場所だった。正直、少々びっくりしていた。親子読書会と言えば、明るい公民館といった場所で、しっかり者の小学校高学年の女の子が感想を述べているというような漠としたイメージがあった。

　その読書会で、男の子がお母さんの隣で、『ゆうたはともだち』を読んでくれた。ゆっくり、はっきり、1ページずつ。…なぜだろう。それを聞きながら、私は涙が止まらなかった。この本に、こんなにぴったりな声、テンポ…、淡々と、そして、ゆうたにもじんぺいにも「ともだち」と語りかけているようだった。

　おれと　おまえ／ぜんぜん　ちがう。／だけど　すき。／だから　ともだち。

（『ゆうたはともだち』より）

　1ページごとに人間と犬とを対比させて進むこの本の語呂のいいリズムあることばが、小学校に上がる前のその子のページをめくるテンポに自然に合う。最後のページはどれも人間と対等の犬のじんぺいから、違うけれど認め合う人間、相手へのメッセージ。

　あとで聞くと、男の子は4歳。読んでいるのではなく、すっかり覚えているというのだった。お母さんが、そっと教えてくれた。

（三輪ほう子）

物語

おさるのまいにち

おさるシリーズ

いとうひろし・作・絵
講談社　1991年　88p
幼児～

キーワード　おさる　しま　おひさま　くらす

どれも「ぼくは、おさるです。みなみの　しまに、すんで　います。」と始まるシリーズ「おさるの本」は、おさるの「ぼく」が幼い読み手を自然と哲学にいざなうすごい本である。そして、おさるの暮らすゆったりとした時間の流れは、なぜか読み手に、読むのもページを繰るのも、ゆっくりとさせてしまう雰囲気を醸し出す不思議な本である。

哲学その1。自分の存在を問う哲学。『おさるはおさる』では、まわりがみんな自分と同じおさるなので「じぶんでも、どれが　ほんとうの　ぼくか、わからなく」なる。ところがある日、かにに耳をはさまれた「ぼく」は、そんなおさるは「ぼくだけ」と悩む。『おさるになるひ』は、妹が生まれる話。「おさるの　おかあさんからは、おさるのあかちゃん」しか生まれないのはつまらないなと思い、「ぼくは　ほんとに、おかあさんから　うまれたのでしょうか。」と考える。

哲学その2。ゆったりと流れ続ける悠久の時間。「あさ、おひさまが　のぼると　めを　さまし、まず、おしっこを　して、ごはんを　たべます。」――連綿と続く毎日。ぼくのおじいちゃんが子どもの頃からおじいさんだったうみがめのおじいさんが眠ってしまっても、ひたすら待って旅の話を聞くおさるの子どもたち（『おさるのまいにち』）。たこがしっぽに吸いついてしまった話を聞かせてくれたおじいちゃんは、そのまたおじいちゃんの頭にへびが巻きついた話を聞いたと語る（『おさるはおさる』）。

シリーズ

おさるの本

おさるのまいにち
おさるはおさる
おさるがおよぐ
おさるになるひ
おさるのおうさま
おさるのはまべ
おさるのもり
おさるのやま
おさるのかわ
おさるのよる

えほんシリーズ

おさるのかくれんぼ
おさるのおいかけっこ
おさるのまねっこ

哲学その3。はてしない空間への認識。うみがめのおじいさんが見とれた船の大きさは、延々8ページにわたって描かれ、「ぼくらは、ぼーっとして　しまい、しばらくくちも　きけませんでした。」(『おさるのまいにち』)。「ぼく」が泳ぎ出た海の広さは、「まえも　うみ。うしろも　うみ。みぎも　うみ。ひだりも　うみ。」。水平線を表す線だけが描かれている(『おさるがおよぐ』)。

「ぼく」の世界には、子どもが哲学を深める助けとなる受容があると思う。おさるやうみがめのおじいさんが、相づちなのか自己同意なのか、発する「うん、うん」ということば。それに安心して、「ぼく」は問いかけたり、同意を求めたりできるのではないだろうか。そして、おとなも子どもも性急に答えを求めず出さず、待っているということ。「しっぽに　ついてた　たこは、どうなったの。」と聞くと、おじいちゃんは少し考えてから「わすれちゃった。」。人生には「わすれちゃった。」という解決があることを思い出させてくれたこの本には、のどかな安らぎと励ましがある。このシリーズが、現代的と言われるとしたら、シンプルで大胆な構図と、白黒とカラーを使い分ける絵の表現、文と絵の新しい一体感とともに、子どもにも対等な、そんな励ましにあるのではないか。

最新作『おさるのよる』は、ページがグレーとブラックの地になり、ほんとの夜はずっとずっと続いていつ終わるのかわからないという凄(すご)み。でも、それが明けて、「いつもと　かわらない　とくべつが、きょうも　また　はじまりました。／おしまい。」。おさるの世界観に引き込まれ、その転換がみごと。今、読んで感じたい。

(三輪ほう子)

絵本

キャベツくん

長 新太 文・絵
文研出版 1980年 28p
幼児〜

キーワード ナンセンス絵本 論理的思考 現実認識

5歳児だからおもしろい！ ナンセンス絵本

ナンセンス絵本の草分け長新太さんは、この種の絵本がなかなか親に受け入れられないと嘆く。「何も意味がない」「荒唐無稽」「気味が悪い」というおとなが多い。

長さんの代表作『キャベツくん』は、ブタヤマさんが「〇〇がきみをたべたら？」と問うとキャベツくんが「こうなる！」と言い、次のページをめくったとたん、ブタヤマさんの「ブキャ！」とともに「こうなる」状態の絵が空に浮かぶくり返しで構成されている。この絵本をまだ読んでいないという幼稚園の5歳児クラスに読んでみた。

子どもたちは「キャベツくん」や「ブタヤマさん」の表現で笑いだす。「ぼくをたべると、キャベツになるよ！」で鼻がキャベツのブタヤマさんが、ヘビでお団子みたいにキャベツが三つ胴に並んだヘビが空に浮かぶ。絵を見たとたんエーッと驚き笑っている。こんなことは現実に「ありっこない」けれど、それが「ある」と展開するナンセンスがおもしろいのだろう。次のタヌキで、子どもたちは「お腹！」「またキャベツになるぅ〜」などと予想を言いだした。次ページの絵はまさにそうなので「当たったー」と大爆笑になる。興味深いのは、ゴリラ、カエルに続くライオンで、「またキャベツ」「キャベツのお腹だよ」と言う子たちに、「お腹じゃないよ」と反論する子がいたことだ。次のゾウでは、「足が大きいんだよ」と言う子はいたが、多くのおとなが予想する「鼻」の予想は出ない。どうやらその動物の特徴的な部分がキャベツになるけれど、以前になった部分以外のところと考えているらしい。しかし長さんはキャベツが連なる鼻のゾウを描く。それを見た子どもたちは、「ブキャ！」「またキャベツ〜」と気持ちよく爆笑する。

次のノミは、ページをめくると空に何もない。子どもたちは「何にもいないよ」「何にもなっていないじゃない！」と言い、「ノミは　ちいさいので　みえません」「だから、びっくりしたんだ！」の文を黙って聞いている。続くクジラでは、「なくなっちゃうキャベツくん」「キャベツくんを食べちゃう」と巨大なクジラがキャベツくんを食べてしまうと大騒ぎになる。ところが、次ページは画面いっぱいの巨大なキャベツのクジラだ。子どもたちは「ブキャーッ」と大声で叫び、「デッケー」「この本、おもしろーい」と大興奮だった。

彼らがおもしろがったのは、長さんとの迫真の知恵比べだ。ありっこない世界は何でもありなので、仮説を立てて予想したくなる。長さんの迫り方から「〇〇の特徴的な部分がキャベツ」を導き、特徴がいくつもあると気づくと「前になった部分を除く」と進める。すると長さんは小さい「ノミ」を無にする。そこで子どもたちはそれに匹敵する壮大な展開を考え、新次元の「食べる」を導き出す。長さんの挑戦に脳みそをフル回転させて仮説を立て論理的に考える5歳児——だから予想が外れたって大喜びだ。

ナンセンスの世界を楽しむには「そんなことはありっこない」と確信できるだけの現実認識が不可欠だ。3歳児は「へーっ、そうなの」と笑わない。優れたナンセンス絵本は、5歳児の思考力を総動員させるから大人気なのだと思う。

（田代康子）

追記

1981年第4回絵本にっぽん賞「絵本にっぽん大賞」受賞。長新太さんは、2005年死去。

絵本

ぼくがラーメンたべてるとき

長谷川義史
教育画劇　2007年　32p
小学校高学年～

キーワード　世界の子ども　現実の生活　ユーモア

楽しみながら考え、うなってしまう絵本

長谷川義史さんの絵本『ぼくがラーメンたべてるとき』が楽しい。「ぼくが　ラーメン　たべてるとき」「となりで　ミケが　あくびした」から始まり、「となりの　みっちゃんが」「となりの　たいちゃんが」とページを繰るごとに、次々と違う場所で同時に行われている、世界の子どもたちの日常のようすが描かれる。

みっちゃんちのふすまの絵柄がいやに古風な松の絵であることとか、たいちゃんちの部屋の壁に掛けられている色紙が、相田みつをのパロディーで「みちに　ぐんてがおちていても　ひとは　ひろわない」とひらがなで分かち書きになっていることなどを、私は二度目に読んだときに気づいて、笑ってしまった。きっと、子どもに読み聞かせる場合にも、「アッ、まな板の上にトマトが切られたまま置いてあるよ」とか「この自転車に乗っている四角い顔の子は、どこの国の子なの？」などと、いくらでも会話がはずむにちがいない。

便器のすぐ横にボタンがあるのではなく、壁面にタッチパネルがあるタイプの最新の温水洗浄便座のボタンを日本の子どもが押しているその瞬間に、どこかの国の女の子が井戸の水を汲んでいたり、赤ちゃんをおんぶして子守りをしていたり、パンを売っていたりという現実を理解できるのは、小学校高学年から中学生かな、と思いつつ、これらの絵がけっして押しつけがましい説教調にならないのは、描き手の現実を見つめる目の冷徹さと独特なユーモア感覚のなせるわざであろう。

絵本の最後のほうに、「やまの　むこうのくにで　おとこのこが　たおれ」ている場面がある。砂漠を思わせる茶色のグラデーションの見開きが何ページか続くと、今この瞬間、地球上でいったい何人の子どもが死んでいるのか、と悲しくなり、それでもこのとき、「ぼく」は「ラーメン食べてる」のだと虚無的にもなろう。ところがどっこい、裏表紙の絵にまた、どんでん返しがある。

長谷川さんの絵による狂言絵本『ぶす』(文 内田麟太郎、ポプラ社)や『忍者図鑑』(黒井宏光 著、ブロンズ新社)もなかなか勉強になったが、『スモウマン』(ぶん 中川ひろたか、講談社)は、今おとなが読んでも楽しいものだろう。「すしのねた部屋」の幕下「スモウマン」がいじめられている女の子を見つけ、空を飛んで助けに行くという、荒唐無稽な話ではあるが、彼の絵がすばらしい。表紙裏の相撲の決まり手のたくさんの図や下町の店のようすなど、懐かしくて眺めているだけでもうれしくなる。

助けてあげた女の子を相撲部屋に連れてきてちゃんこを食べさせるシーンには、何と「モンゴルには歩いて帰れない」「オレたちはまっている　全日本プロレス」などと書かれた貼り紙が壁に貼られてあるではないか。何とも言えないブラックユーモア、いや先見の明か。

どれも懐かしくて楽しくて皮肉が効いていて、ちょっぴり考えてしまう。開くたびに新しい発見のある、子どもにもおとなにもワクワクの絵本である。

(石井郁子)

受賞
本書で2008年に、日本絵本賞、小学館児童出版文化賞

写真絵本

おもしろどうぶつえほん

シリーズ全6巻

ふじわらこういち　しゃしん・ぶん
新日本出版社　24p
幼児〜

キーワード　ユーモア　リアリズム　遊び心

子どもたちとかけあいで写真を遊ぶ絵本

生物フォトジャーナリスト藤原幸一さんの写真絵本「おもしろどうぶつえほんシリーズ」、文句なしにおもしろいです。

最初に刊行されたのは『だ〜れだ?』。表紙をめくると雪にくるまれたまあるい目とおちょぼ口、「ゆきの　なかから　こんにちは　ぼく　だ〜れ?」。次のページはいきなり照りつける太陽の下「おめめを　ぐるぐる　うごかすよ　あっち　むいて　こっち　むいて　だ〜れだ?」。なぞなぞのようなこんな問いかけのことばが続きます。子どもたちと、かけあいで絵本を遊ぶ楽しさがいっぱいです。答えは巻末に勢ぞろい、「ぼくたちこんなどうぶつです」。同じ動物なのに、顔のアップの写真とは異なる全身の写真。最初の答えは「よちよちあるくよ　ペンギンさん」、次は「カメレオンです　むしをさがしてます」。

『おしり?』は、ひたすら動物や鳥たちのバックスタイルのすごすぎるアップ。「おおきな　おしり　ゾウさんの　おしり」「まっかな　おかお?　おサルさんの　おしり」…「ふたつの　おしり　ペンギンの　あかちゃん　ママの　おなかに　かくれんぼ」。

顔やおしりを真正面からアップでとらえ、ちょっととぼけた雰囲気を醸し出す写真は、一瞬「これなに?」と読者をとまどわせます。その間が、なんだかとても心地よいのです。

シリーズ

おもしろどうぶつえほん　全6巻

だ〜れだ？　2010年
おしり？　2011年
びゅ〜ん びょ〜ん　2011年
わかるかな？　2015年
たったたった　2015年
おやすみ　2015年

『びゅ〜ん　びょ〜ん』では趣向を変えて、バッタやカブトムシ、カエルたちの動きをとらえます。「カエルさんは」「び」「よ〜」「〜〜ん」と、カエルのひとつ跳びが4ページ——この思いっきりのよさ、ご想像を。

このシリーズのソデ（カバーの折り返し部分）がまた、あっぱれです。シマウマの長いまつげと潤んだ瞳、タオル地のような肌。しましま模様が輪っかに見えるしっぽが真ん中のトラの後ろ姿。縦長の変型スペースに本文以上に豪快なアップ。隠し味、控え目が普通なのに、この本のソデ使いの潔さ！

奥付には、小さな写真と「どうぶつたち　みんなが　ずっと　ずっと　あんしんしてくらせる　ちきゅうで　ありますように」のメッセージ。『おしり？』では「ぼくのおしり」として裸の子どもの後ろ姿。本の隅から隅まで楽しめます。私のシリーズ一押しは、この『おしり？』。写真が切り取るおもしろさがいかんなく発揮され、ふだんと違う視点の意外性が発想の転換を促し新鮮——そこにユーモアが生まれます。

動物写真絵本には大きく三つのジャンルがあると思います。実物よりも大きな写真などで正確に美しく表現するリアリズム系。動物のしぐさや表情の豊かさをとらえた癒し系。そして、切り取るおもしろさ、意外性を遊ぶユーモア系。貫かれているのは自然や生物への愛と遊び心ですね。

写真家の藤原さん、デザインの三村淳さん、編集・制作・出版社のみなさん、これからもますます写真を遊ぶ絵本をつくってください。ほんと、元気出ます。（三輪ほう子）

写真絵本

ほら、きのこが…
たくさんのふしぎ傑作集

越智典子 文
伊沢正名 写真
福音館書店　2000年　40p　版元品切れ
小学校低学年〜

キーワード　きのこ　胞子　菌糸　共生

きのことの晴れやかな出会い

誘われて一度だけ、きのこ狩りに出かけたことがあります。国内5000種もあるというきのこは多くの謎に満ちていて、名前が付いているものは約1500種しかないというのですから、きのこに夢中になっている人たちの世界は、常人にはかなりの異界です。教えてもらう端から名前を忘れてしまうきのこたちのなかで、たったひとつ、びっくりかわいいタマゴタケだけは忘れません。この本は、そのタマゴタケが、白い卵の形からまっ赤な頭をのぞかせ、だんだんカサを開いていくようすを見開きのページに6点の写真で惜しみなく見せているんです。

謎も多いだけに、きのこの図鑑類はたくさん出ているのだけれど、主人公のきのこたちがこんなに晴れやかなスターとしてクローズアップされロマンに満ちている本は、ほかにありません（たぶん）。B5判よりやや幅広いページの見開きに映し出されるきのこたちの写真（伊沢正名さん）の美しさがこの本の真髄。

4ページにわたりコマ割りで散りばめられたきのこたちの競い合いは、まるで熱帯魚のように鮮やか。胞子を放つツチグリのちょっと不気味な愉快さ。のんびり草を食む馬を背景にしっとりとした草の中の馬糞に泰然と生えるツヤマグソタケのとぼけ具合。闇夜に緑色に光るシイノトモシビタケの幼い妖艶さ。堂々たる個性の主張です。

この本のもうひとつの魅力は、科学に裏打ちされた易しく詩情ある文章です。

「ツチグリの殻がかわいてくるりとまるまった。プフォウ…　あれはなに？　けむりのような細かい粉。胞子だよ。胞子って？　きのこのたまごさ。ごらん、胞子が風にのってとんでいく」「菌糸の先には、いきた植物の根があるかもしれない。根から菌糸へ、菌糸から根へ、ベニテングタケとかばの木は養分をやりとりしながらたすけあっていきている。きのこと植物の共生だ」「…いきものはいつか死んで死んだ体はくさっていく。くさって土にかえるからひとつのいのちのおわりがべつのいのちのはじまりになる。たおれた木にこけがはえ、やがてどんぐりが発芽する。いのちがつぎからつぎへと手わたされぐるぐるめぐっていくようだ。いのちを手わたしたのは木をくさらせたきのこたち」

越智典子さんの文章は、共生から輪廻（りんね）へといざない、きのこの一生の物語と自然の神秘を語っているのです。そして、最後のことば「いこうか、いこうよ、なにがあるのか見にいこう」――新しい冒険の始まりを予感させるすがすがしさ。

わが家のミニミニ家庭文庫でこの本を読み始めるとすぐ、一番前に座っていた4歳のミチカちゃんが、「きのこ、きらい」とつぶやきました。そうだろな。だって、きのこって、おとぎ話では小人の家だったりするけれど、実際目にするのは、暗くてじめじめしていて陰気で…。シイタケ、シメジ、マイタケ、ナメコ…食卓に上がるきのこは地味系ばかり、小さい子にはどちらかと言えば苦手な食材だろうし…。でも、あとで気づくと、5歳のヨシエちゃんが借りて行っていました。ふふ…。『ほら、きのこが…』って、題もいいでしょ。きのこと友だちになれるみたいで。

（三輪ほう子）

追記

同じく2人の作者によるコラボレーションの写真絵本をもう1冊。『ここにも、こけが…』こどものとも傑作集、福音館書店、2010年。

絵本

のにっき —野日記—

近藤薫美子

アリス館　1998年　30p
幼児〜

キーワード　イタチ　死・生　生き物の連鎖

死から希望への転換

本書は生き物の死と生を教えてくれる絵本である。

見返しは風が吹き落ち葉が舞う野、何か小動物がいる。扉を開けると、野の端がクローズアップされ苦しげに目を開けている親イタチと呆然（ぼうぜん）と見つめる子イタチが小さく描かれる。1ページ目は親イタチが目を閉じ子イタチが慟哭（どうこく）している絵が画面いっぱいに描かれ、文は「11月13日」だけだ。見返し、扉とつながって親イタチが死んだのだとわかる。次のページは翌日雨に濡れる親イタチ。さらに秋から冬、春への日付とともに、親イタチの屍（しかばね）が腐敗し骨だけになる過程が、同じ場所の変化として描かれている。

そして「5月19日」、親イタチの死体があった同じ場所で、あのイタチがネズミを口にくわえている。次のページで、そのイタチは別の小さなイタチにネズミを持ってきたのだとわかる。最後の見返しは、飛び跳ねる子イタチを前後から守る凛（りん）とした親イタチが描かれている。野生のイタチ一世代目の死と二世代目、三世代目の生が日付の進行とともに描かれた、まさに「野日記」である。

腐敗していく過程、つまり屍にさまざまな虫が群がり繁殖し鳥やネズミなど小動物も加わり食いちぎり屍を骨だけにしていく過程が描かれていると言えば、気味が悪い。だがこの絵本は違う。近藤薫美子氏独特のマンガ風吹き出しで生き物たちの会話を読み絵を見ていると、屍に群がる虫や鳥たちの陽気さに驚かされ、そこから彼らにとって屍は生きるための食物であり、暖を取る絶好の場であり、巣作りの材料でもあるのだとわかる。屍が骨だけになる過程は、別の生き物の側から見れば自らの生の営みであり喜びなのだ。春になり散らばった骨と石でかろうじてそこに死体があったとわかる地面から植物が芽を出し、植物が繁り表情豊かな生き物たちが色鮮やかに交じり合うと、さらに生の力強い輝きに圧倒される。

中学時代、通学路の脇の草地に茶色い犬の屍があった。しだいに身体の厚みがなくなり、毛だけが残っていく過程を見た。「こうして土に還るのだ」と感じたが、土になるまでに虫がこんなに活躍し自らの生を生きているとは考えなかった。近藤氏は顕微鏡で見える世界を拡大し、それを肉眼で見える世界と重ねる方法で絵を描いている。だからこそ、生き物の死を他の生き物の側から考える世界を知ることができたと思う。

金森俊明先生は、生き物の生と死の学習のなかで、この絵本を小学3年生に読んだ（『ともにつくる総合学習』新評論）。「お母さんイタチのお陰で餌がいっぱいなんや」「あれ、きっと自分の子どものための餌やな」「いのちのつながりやあ。よかったねえ」と言ったという。彼らは親の死が次の世代の生につながることに注目している。「生き物の連鎖」は親と子の連鎖なのだ。金森先生は子どもたちのこのようすを、『死』が『希望』に転換している場面をしっかり心に刻むことができた」ととらえている。近藤氏が生き物に感情を表現させた絵本だからこそ、子どもたちは「死」を「希望」へと転換させることができたのだと思う。

（田代康子）

絵本

あかちゃんがやってくる

ジョン・バーニンガム 作
ヘレン・オクセンバリー 絵 谷川俊太郎 訳
イースト・プレス 2011年 44p
幼児〜

キーワード 母と子 未来の弟妹 想像

赤ちゃんを待つ兄の揺れる心

見つめ合う母子の声と体温までが感じられる表紙。続く見返し、扉は一転してマンガ風な赤ちゃんの絵。第1場面の左はベッドに肘を置きゆったりと語りかけている母親とその顔を見つめる男の子の絵、右は「あかちゃんがくるのよ」のみ。彼の表情や両手の指先にこのことばを聞いた彼の衝撃を感じる。本書の魅力は、母子の温かい会話と情感を鮮やかに描くヘレン・オクセンバリーの絵だ。

第2場面は「いつ来るの?」「なんてなまえにするの?」「おとこのこがいいな、いっしょにあそべるもん、そしたらピーターかスパイダーマンがいい」の彼のことばが続く。絵には彼が母と話しながら想像するスパイダーマン姿の赤ちゃんがマンガ風に描かれ、「赤ちゃんはなにになるのかな」の次の問いへとつながる。名前がヒーロー名になりそのイメージから職業へと思考を展開する様は、まさに4歳前後の子どもだ。ジョン・バーニンガムが『ねえ、どれがいい?』(評論社)で描いた奔放(ほんぽう)な子どもの想像の世界は、本書では母子の会話から広がる。これがもう一つの魅力だ。

出かける先々で、赤ちゃんはシェフ、画家、園芸家、飼育係、船乗り、銀行家、公園管理人、医者になるかもしれないと母が言い、そのたびに男の子はその仕事をする赤ちゃんを彼流に想像する。

オクセンバリーは彼の想像の展開をマンガ風コマ割りにして時系列で描く。彼は時に意地悪く赤ちゃんの失敗した姿を想像するが、その姿は今まさに彼がやっていることなのだろうと思えておかしい。

冬から秋へと季節が進み、徐々にお腹が大きくなる母と語りながら、彼は赤ちゃん誕生への揺れる思いを想像することで表す。「もし　あかちゃんが　えかきに　なってもうちで　えを　かかしちゃだめ。どこもかしこも　めちゃくちゃに　なるよ」もあれば、「おおきくなったら　ぼくと　あそべる　ようになるよね」もあり、「あかちゃんに　くるなって　いえないの？」の訴えも、「せかいじゅうを　まわれるね、でも　せんちょうは　ぼくだよ」の主張もある。やがて「あかちゃん　いつくるの、ママ？　あかちゃんに　あいたいよ」と言う日がくる。

彼は病院に向かうバスの中で祖父に、「あかちゃんは　りょうりがうまくて　ななつのうみを　こうかいして　こうえんか　どうぶつえんか　ぎんこうで　はたらくんだよ」と笑顔で語る。最後、病室のドアに向かう祖父と彼の後ろ姿と「おじいちゃん、ぼくたちの　あかちゃんだよね。ぼくたち　あかちゃんが　だいすきに　なるんだよね？」で終わる。数か月かけて想像し続けるうちに、赤ちゃんは彼の家族のひとりとして存在できるようになったのだ。

本書は、絵本作家としてそれぞれ活躍する夫妻が、70歳を過ぎて初めて共作した絵本である。母と子の会話が絵で表現され、コマ割りの絵が母子の会話の続きを語っている。絵と文がひとつになった珠玉の共作絵本である。

（田代康子）

追記

ジョン・バーニンガムは、2019年1月に死去。最後の作品は、『ガンピーさんのサイ』谷川俊太郎訳、BL出版、2019年。

絵本

わたしのて

ぶん ジーン・ホルゼンターラー
え ナンシー・タフリ やく はるみこうへい
童話館出版 2002年 32p
幼児〜

キーワード 手（の動き） 平等

手をつなぐことは心をつなぐこと

この絵本に初めて出会ったとき、1992年に福音館書店の幼児絵本として発行された『おにぎり』（平山英三 文、平山和子 絵）を思い出した。

炊きたてのごはんが、大きな梅干しを入れ、海苔にしっかりと巻かれたおにぎりになるまでが、両手の動きだけを描きながら実にリアルに迫ってきた。ごはんの香り、梅干しのすっぱさ、巻かれた海苔のしっとり感。そして、なによりも作り手の優しさが、手の表情だけで伝わってきた。最後に、両手を添えられたおにぎりのお弁当は、「はい、どうぞ」と読者個人に向けられる。「手渡し」ってこういうことなんだよね、と強い印象をもって教えられた。それから、「手渡し」は、私の好きなことばのひとつになった。

「わたしには、2ほんのてがあります」

と、始まる『わたしのて』は、『おにぎり』とは伝わってくるものはまったく違うのだけど、手の表情だけを切り取って描くというのは、共通しているといえるだろう。背景は、赤、緑、黄色の三原色を基調としながら、その色合いは原色そのものではなく、ちょっと渋い柔らかな色調に抑えられている。

肌色の手は、すっきりと図案化されて、「ボタンをとめ」たり、「ひもをむす」んだり、「てをならしたり、おんがくをかなでる」手が、ことば以上に生き生き描かれていく。

「のりをつけたり」「てをならす」方法は、日本とちょっと違うよね――そんな小さな日常生活の違いを見つけるのも楽しい。

描いたり、切ったり、作ったり、壊したり、話したり、「たくさんのことができる」わたしの「て」が、「いちばんすてきなのは、ほかのひとのてをにぎれるということ」。

最後のこのフレーズに、作者のメッセージが込められる。右手は、おとなの手、左手は褐色の子どもの手。それにしては、子どもの後ろ姿が大きくて、握り合う手にインパクトがないという意見もあったのだけど、握り合う子どもの思いを主体に置けば、これでもいいのではとも思う。ここは、意見の分かれるところだろう。

アメリカのブッシュ大統領は、2003年3月20日に、世界の圧倒的な反戦の思いを無視してイラク攻撃を開始した。何ともいたたまれない思いで、私たち夫婦は、21日の反戦デモに参加した。「誰でも入れる市民の会」の隊列に入って、芝公園から銀座までの3キロを歩いた。流れ解散となった銀座で、後続の隊列をいくつか迎えた。若者や、若い家族が圧倒的に多いのに感激した。拍手して迎える私たちにハイタッチしていく何人かの少年や少女の手。その手の感触に、1960年代のフランスデモ（手をつないで道路いっぱいに広がって歩くデモ）の高揚した思いがよみがえった。

そう、手をつなぐことは、心をつなぐこと。そんな思いを込めて、私は孫に、絵本『わたしのて』を手渡そう。

（川上蓉子）

絵本

ろばのとしょかん

コロンビアでほんとうにあったおはなし

文と絵 **ジャネット・ウィンター**
訳 **福本友美子**
集英社 2011年 32p 版元品切れ
小学校低学年～

キーワード コロンビア ロバ お話を書く

本を届けるコロンビアのおじさんとろば

コロンビアの町ラ グロリアに住むルイス・ソリアノさんがモデルの現代のお話が、異なる絵のそれぞれ温かく美しい2冊の絵本になっています。ルイスさんは小学校の教師をしながら、本が1冊もない家庭の子どもたちに、本をロバに載せて届けています。

『ろばのとしょかん』は、本が大好きなルイスさんが、本が増えすぎて奥さんに小言を言われるところから始まります。頭をひねったルイスさんは、ロバを2頭買って、本のない人たちに本を届けることを思いつきます。国中の小さな村を訪ね歩く苦労――ロバが川を渡るのをいやがったり追いはぎに襲われたり…そのたびに「こどもたちがまっているんだ」と切り抜けます。

エントルメントの村に着くと、ルイスさんは、まず、子どもたちにお話を読んであげます。そのあと、子どもたちは思い思いに本を選び、大事そうに抱えて帰ります。ルイスさんもまた、ロバたちと山越え川越え帰ります。

帰ってきてもルイスさんは、夜遅くまで本を読んでいます。「はるかとおい山のむこうでも、ろうそくやランプのあかりが　きえませんでした。こどもたちが、よるおそくまで、かりてきた本を　よんでいるのでした」。夜の山に、家々の灯がともっているシーン――鮮やかでモダンな色使いの絵のこの本のなかで、しっとり心静まるページです。

『ろばのとしょかん』が、ルイスさんの本を届けようとする気持ちを中心に描いている

絵本

こないかな、ロバのとしょかん

文 モニカ・ブラウン
絵 ジョン・パッラ
訳 斉藤 規
新日本出版社　2012年　32p
小学校低学年～

のに対して、『こないかな、ロバのとしょかん』は、その本を待ち焦がれる女の子アナが主人公。

オンドリの鳴き声で目をさますアナは、弟をお風呂に入れたり、市場で売るための卵を集めたり、強い日差しのもと、お母さんといっしょに働きます。「すずしいおうちで本（libro）が　読みたいなあ　とアナはおもいます」「でもアナは　1さつの本しかもっていません。ぜんぶ　おぼえてしまうほど　なんども　よみました」。先生が引っ越してしまって、アナの村にはもう子どもたちの先生はいないのです。夜になると、アナは弟がよく眠れるように自分でつくったお話をしています。

そんなある日、ロバのとしょかん（Biblioburro）の看板を抱え、2頭のロバで本を運ぶ男の人がやってきました。村の子どもたちが集まってきます。「おじさんとロバのおはなしは　ないの？」、アナがたずねると、「きみが　かいたら？」。

おじさんが帰ってしまい、ロバのとしょかんが懐かしくてたまらないアナは、自分でお話を書きました。ちょうどその頃、やっとおじさんがやってきて、すばらしい!!と、アナの書いたお話を子どもたちに聞かせました。アナの書いた本は、ロバの背中にしっかりと結ばれ、別の子どもたちに届けられるのです。

なんてすてきな女の子とおじさんが、コロンビアにはいるのでしょう！

本もおじさんをも待っているアナ。本と一緒にアナの気持ちも届けるおじさん。本は人から人へ手渡されるものであることが、しみじみ思い起こされます。

（三輪ほう子）

絵本

かあさんをまつふゆ

文 ジャクリーン・ウッドソン　絵 E.B.ルイス
訳 さくまゆみこ
光村教育図書　2009年　32p　版元品切れ
小学校低学年〜

キーワード　黒人　女性　待つ　窓

過酷であっても、生きることの美しさを映す絵本

かあさんは、シカゴに汽車を洗う仕事に行ってしまう。男たちがみんな戦争に行ってしまい、シカゴでは黒人の女でも鉄道会社で働くことができるから。おばあちゃんとふたり、残された少女エイダは、涙を流したり、居着いた子ネコにミルクをやったり…、かあさんの帰りを待つ。おばあちゃんは「なくんじゃない。かあさんは　もうすぐ　かえってくるよ」と言うけれど、手紙もお金も届かない。「なんども　てがみを　出してごらん」。エイダはせっせと手紙を書く。

外は雪。戦争は終わらない。エイダとおばあちゃんと子ネコは、オポッサム（有袋類の小動物）やウサギを捕まえに雪の上を歩いていく。捕まえられたら、シチューに入れる肉が手に入る。家にもどると、「あ、ゆうびんやさんが　やってくる」。郵便屋さんが差し出す手紙の封を切ると、お金がひらひらと舞い落ちる。「『エイダ・ルースに　つたえて。もうすぐ　かえります』／なんどでも　くりかえしたい　うたみたいな　ことば」「おばあちゃんと　わたしは、なんども　なんども　てがみを　よみかえす」。

美しい絵本である。3人の黒人女性の美しさ。光を受け、静かにたたずむ表紙の少女の横顔。ドレスをバッグにしまいながらエイダと話すかあさんの逆光のなかのやさしいまなざし。エイダを抱きしめながら、あごを引いて立つおばあちゃん。三世代の女性の姿が美しい。それは、つましく暮らし働く美しさでもある。そして、彼女たちの肌の色は、窓を通して差し込む光を受けて輝く。

窓は、待っているエイダとおばあちゃんのいる家の内側と、かあさんが行ってしまった外の世界をつなぐ。エイダとおばあちゃんは、窓から外を見つめて待ち続けている。静謐で凛としたたたずまいが、描かれていないにもかかわらず、外の世界への想像をかき立てる。手紙を書いて待ち続けるエイダの寂しさと期待、温かい家の中と寒いけれど広い外の世界をつなぐ象徴として、窓が描かれている。窓は、エイダの今と未来をもつなぐ。


雪の上を歩きながら、おばあちゃんが言う。

「『せかいは　ひろくて　大きいんだよ』

わたしも　いつか、ひろい　せかいを　見に　いこう。／たぶん　きしゃに　のって」

「雨よりも　わたしの　ことを　大すきな　かあさんが。／ゆきよりも　わたしの　ことを　大すきな　かあさんが。／きしゃを　あらって　はたらいている」――くり返されるエイダのことばが、彼女自身を抱きしめているようだ。

「その　かあさんが　もうすぐ　もうすぐ　かえってくる」――ふるえるよう、はじけるような「もうすぐ」。シンプルでやさしい翻訳のことばが心に残る。

この絵本のなかには、張り詰めた時間がゆっくりと流れている。その時間に誘われるように、厳しい生活のなかで生きることの美しさを考えさせ、そして、絵本の美しさについて、しみじみと感じ取らせてくれる本である。


（三輪ほう子）

注記
原書タイトル
COMING ON HOME SOON
コルデコット賞銀賞受賞

絵本

ストライプ
たいへん！ しまもようになっちゃった

デヴィッド・シャノン 文と絵
清水奈緒子 訳
セーラー出版（2013年〜らんか社） 1999年 32p
小学校低学年〜

キーワード　学校　人目を気にする　ほんとうのわたし

ほんとうのわたしの感情って？

妙に気になる絵本である。

話は次のように始まる。

「カミラ・クリームは、リマ豆が大好きです。でも、ぜったいに食べようとしません。学校のみんなが、リマ豆をきらいだったからです。カミラは、みんなと同じでいたいと思いました。カミラはいつも、ほかの人の目ばかり気にしていました。

きょうは新学期の第一日目です。いつもより、ずっと緊張していました。（どんなかっこうでいったらいいのかしら。みんな、わたしをどう思うかしら）四十二着の服をつぎつぎに着がえていきましたが、どれもぴったりきません。かわいらしい赤のワンピースをとって、鏡を見たしゅんかん、カミラは、かなきり声をあげました。」

小学生のカミラの身体は、頭のてっぺんからつま先までカラフルな六色の横縞になってしまった。学校で、カミラの体の模様はアメリカ国旗に変色し、誰かが好き勝手に言う色や形の模様にくるくる変わっていく。カミラは「みんな友だちだと思っていたのに、わたしを仲間はずれにするなんて」と思い、心配する親にも「リマ豆が食べたい」という本心を打ち明けられない。それからは、医者やマスコミ報道で知った病気を治そうとするあらゆる職業の人々の言うがままに、ウイルス、木の根っこ、水晶などなどが身体に生えてきてしまう。あげくに「この部屋と一体になるのよ」という環境セラピストのひと言でカミラの身体は自分の部屋に溶け出してしまう。
やっと「おじょうちゃん、これが好きなんでしょう?」とリマ豆を持ってきてくれたおばあさんに、「わたしったら、こんな変な体になったっていうのに。それにくらべたら、リマ豆を食べるのを笑われるくらい、なんだっていうの?」と気づいて、食べさせてもらうのである。「うーん、おいしい」、そのとたんカミラの体は元にもどる。そして学校で「カミラって気持ち悪い」と言われてもちっとも気にしない子どもに変わる。

目立つのはイヤ、みんなと同じでいたいというのは、日本の子どもだけの問題ではないのだ。「笑われたことはしない」、それを自分の行動の基準にすると、自分自身の本当の感情を押さえつけてしまう。カミラの場合、「リマ豆を食べたい」という感情をずっと意識してはいたが、それでも「だれがリマ豆を食べるもんですか!」と心にもないことを言ってしまう。今の日本で、「~したい」という自分の本当の感情を意識できている子どもはどのくらいいるのだろうか。子どもたちは、友だちに、親に、教師に「それは、いやだ」「これをしたい」と明確に主張できているのだろうか。

ユーモラスな1970年代風の絵は表情豊かで、カミラの表情、特に眼に、彼女の複雑な感情がたっぷり描かれている。表紙にもなっている縞模様になった直後のカミラの目を見ていると、保育園のあの子やこの子たちの「押さえつけられ忘れかけている感情」が気になる。それぞれの「リマ豆」を発見するために、どんな援助が必要なのだろうか。読むたびに彼らの顔が浮かんでくる絵本である。

(田代康子)

知識・科学

根っこのえほん 全5巻

中野明正 編　根研究学会 協力
小泉光久 文
大月書店　2017年　各40p
小学校高学年〜

キーワード　植物の根　身近な根っこ
人間の生活と根

根っこは楽しい、不思議、そして、おいしい

「サケは食卓の上にのる塩サケの切り身の形で泳いでいる」。少なからぬ小学生がそう思っていると報道されたことがあった。このニュースの真偽のほどはさておき、そのような認識はあっても不思議はない。魚や野菜のまるごとを見る機会が少なくなっている現代、そもそも私たちは、今食べているものが植物や動物のどういう部分なのかを、成長過程のどの時期にどのように知っていくのだろうか。この本は、身近な植物の根に焦点を当てながら、小学生からおとなまでが楽しめる、5冊のシリーズ絵本である。

おもしろさの第一は、クイズ的な要素があることだ。「オレンジ色」で「きらいな子どもがたくさんいるけど、ウマやウサギは大好き」というヒントと葉の部分の絵を見て、考える。数ページに1枚の割りで、上下に切れているページがあり、土色の下半分のページを先にめくると、根の太った部分であるニンジンが登場する。さらにめくり残した上半分を繰ると、ニンジンの花の絵が描かれてあり、「収穫しないでおくと、茎がのびて、その先に花をつけます」と説明されている。『4 水中にのびる根っこ』の巻では「すしやそばの薬味に使われる」でワサビが、『5 大きな木の根っこ』では「紙の材料のパルプやクリスマスツリーにも使われる」でモミなど、わかりやすい例が多い。

二つ目。ごく一部の写真を除くと、ほとんどが手描きの絵によって説明されているところがよい。サトイモでは、土の中の根っこだけでなく、種イモ、親イモ、子イモや茎、

セット

根っこのえほん 全5巻

1 **おいしい根っこ** 中野明正 編著 堀江篤史 絵
2 **野菜の根っこ** 中野明正 編著 堀江篤史 絵
3 **フルーツの根っこ** 河合義隆 著 鶴田陽子 絵
4 **水中にのびる根っこ** 阿部 淳 著 堀江篤史 絵
5 **大きな木の根っこ** 平野恭弘 著 鶴田陽子 絵

葉柄などが描き分けられ、地上の花の絵の隣にはよく知られているミズバショウの絵があり、花も葉も似ているから仲間だと納得できる。親イモから子イモをはずさず、穴を掘ってさかさまに保存するようすも手描きなので、土の中をのぞくような楽しみが伝わる。写真満載の図鑑だと、どうしても教科書で勉強している意識になってしまうが、理科ぎらいだった私のような者でも、やわらかな絵のタッチで植物の不思議を味わうことができた。

三つ目は、植物の由来や効能が簡潔に説明されていることだ。青汁の材料としても有名なケールはキャベツの原種であり、世界最古の作物はソラマメで三大栄養素すべてが含まれているのだそう。胞子で増えるのが「海藻」で、種子で増えるのが「海草」だとか、ダメになりかけているものへのききめのある手段という意味の比喩にも用いられるカンフル剤の「カンフル」とは、クスノキの葉と幹と根からとれる防虫剤の樟脳(しょうのう)のことだなど、知らなかった。

私がもっとも関心をもって読んだのは『1 おいしい根っこ』、すなわちイモ類根菜類の巻である。21世紀になりちまたで大流行の糖質制限ダイエットにとっては、穀類と並んで大敵のものだ。しかし、ダイコンは『古事記』にも載っており、稲作がされるようになっても米不足への備えになっていた。サトイモは縄文時代には作られ、現在でも南太平洋の島々では主食とされている。穀物栽培が広がる以前の重要な糖質源は、これら根っこや茎たちであったことを、改めて考えてみたくなった。

(石井郁子)

2

こんな想いもあった

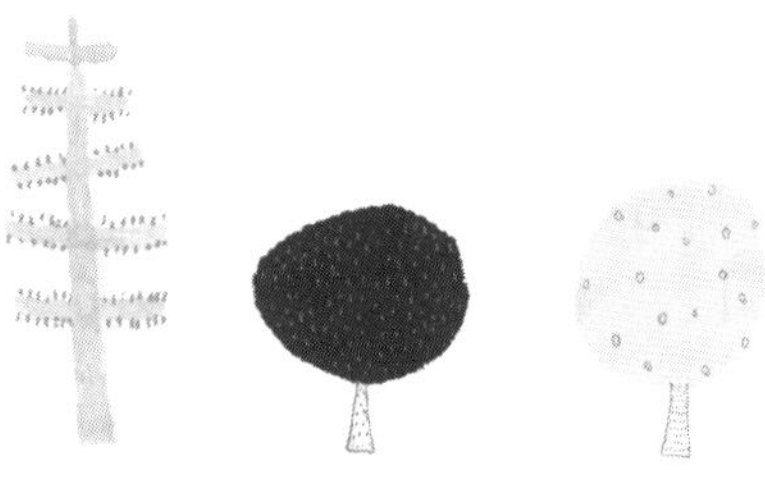

思春期・青年期の恋愛や友人関係は苦しい。

一緒にいると楽しいけれど、

時に相手に好かれようとして自分を見失いそうになったり、

自分が相手を大切に想うほどには、

相手は想っていないのかもしれないと疑ったり…。

そんな大きな感情の起伏のなかで、

自分を見つめ、自分の生き方を問い直さざるをえない。

ここで取り上げる本には、さまざまな国や環境で生きる若者たちがいる。

悩み葛藤しながら、それでも前にすすもうとする彼らの姿に、

勇気をもらえるにちがいない。

物語

14歳の水平線

椰月美智子
双葉社　2015年　336p
中学生～

キーワード　中学2年生　離島での体験　言い伝えと人々

父と息子が友とともにつかんだもの

生徒引率も含めて年に3回くらい沖縄に行っていたことが、10年間ほどあった。本島は観光地化した場所も多いが、離島には絵葉書より美しいエメラルドグリーンの海が広がっている。大きな交差点のすぐ脇の御嶽（うたき）の前で拝む白装束の女性を偶然見かけたことがある。また、友人の運転する車のタイヤがサトウキビ畑に落ちたときに、現地の人がすぐに近隣住民を集めてあっという間に車を引き上げてしまうという、ありがたい経験もした。独特の習俗や小さな共同体といわれるものがそこには残っている。

作品の舞台は、沖縄の小さな架空の離島・天徳島（てんとく）である。親にも教師にも何かもやもやとした思いを抱え、部活のサッカーもやめてしまった中学2年生の加奈太（かなた）は、夏休みに父・征人（ゆきと）の生まれ故郷天徳島に行く。そこで、征人の友人がリーダーを務めるキャンプに参加することで、ひと夏の体験をする物語だ。

キャンプ参加者のなかの気の合うメンバーと毎日崖から飛び込む練習をしたり、浜で寝そべりながら「頭をからっぽにするのって、難しいな」と思ったり、目の前で人が恋に落ちる瞬間を見てしまったりもする。ほかのメンバーとのいさかいや対立はあるが、その地の自然や言い伝えとなじむなかで、「本当の気持ちを隠すことに慣れてしまった」自分に気づき、和解も生まれてくるのだった。

ところで、この作品のいちばんのおもしろさは、加奈太の父・征人が14歳だった30年

追記
2018年双葉文庫として刊行。
2020年講談社青い鳥文庫刊行。

前のエピソードが同時に綴られている構成にあるだろう。漁に出た征人の父が数日たってももどらず、死者を神のところへ返す島の儀式を行わざるを得なくなる。征人はどうしても父親の死を受け入れられないが、本土から島に嫁いできた母親は、村の決まりごとに従おうとする。神にいけにえを捧げることで大漁が約束されるからだ。

そんなときに征人は級友・タオから島の伝説ドゥヤーギーの話を聞く。ドゥヤーギーは1メートル20センチほどで手足が細長くかぎ爪を持ち、緑色の毛で覆われた妖怪である。そのかぎ爪で死んだ人間の骨や内臓を食べるということで、かつて風葬の慣習のあった島人から恐れられている。だが実は、ドゥヤーギーは死者を生き返らせる力ももっていることを知ったタオと征人は、村に残る資料を手掛かりに、ドゥヤーギーと直接交渉をしようと行動に出る。島の儀式の前に何とか父親を取りもどしたいと考える征人と、学問的関心からどうしてもドゥヤーギーと会いたいと願うタオの必死さが伝わるこの章は、迫力満点だ。死者を生き返らせるためには、自分のいちばん大切なものと交換しなければならない。写真家をめざすタオは、すでに絶版になっている大好きな写真集を差し出し、征人はどうしても東京に出て行きたいという夢との交換を考える。ドゥヤーギーの緑の体毛を手に入れて日の出と同時に浜に流すために、真っ暗闇のなかをひと言も発さずに進む2人の少年の果敢な行動に、ハラハラドキドキである。

もがきながら脱皮していく現代の14歳と30年前の14歳の姿が、島の自然を背景に重なって見えてくる。

（石井郁子）

物語

さよならを待つふたりのために

ジョン・グリーン 作　**金原瑞人・竹内 茜** 訳
岩波書店 STAMP BOOKS　2013年　338p
中学生～

キーワード　がん　恋愛　がん患者支援

がん患者ではなくひとりの人間として、恋と青春

ヘイゼルは、16歳、パパ、ママと暮らしている。甲状腺がんが肺に転移して自宅療養中。酸素ボンベが手放せない。一般教育修了検定に合格して短大の講義に通う以外は自宅に引きこもりがちなヘイゼルは、心配した母親や医者に勧められ、患者同士が語り合うサポートグループにいやいや通うようになる。この会で骨肉腫により片脚を失ったオーガスタスと出会い、2人は互いに惹(ひ)かれ合うようになる。

ヘイゼルがいちばん好きな本は『至高の痛み』。白血病の少女アンナの率直な思いが綴(つづ)られた物語に自分の思いを重ね、繰り返し読んでいる。書きかけのaを残して終わる物語の他の登場人物がその後どうなったのかを知りたくて、出版社を通じて作者ヴァン・ホーテンに何度も手紙を出したが返事は一度も来なかった。オーガスタスも『至高の痛み』が好きになり、ヴァン・ホーテンの秘書と連絡を取ることに成功した。2人は物語のその後を求めてヴァン・ホーテンのいるオランダに旅立つ。『至高の痛み』のその後はわかるのか？ ヘイゼルとオーガスタスの関係はどうなるのか？ ヘイゼルの視点で描かれた物語に惹きつけられ一気に読んだ。

いわゆる「闘病物語」ではないところがいい。車を運転して短大の授業に出かけたり、オーガスタスに会いに行く。好きなテレビ番組は「ネクスト・トップ・モデル」。インターネット、携帯電話、メールを駆使し、オーガスタスが好きなバトルゲームに加わる。オーガスタスの低めの声やウォーターブルーの瞳、「ほんの少しゆがんだ笑顔」が好き。オーガスタスのひと言ひと言に胸がどきっとしたり、がっかりしたり。現代の若者の青春が生き生きと鮮やかに綴られている。

通常は、自宅療養が基本となっている医療システム。オランダ旅行を可能にした病気の子どもの願いをひとつかなえてくれるジニー財団の「ウィッシュ」やサポートグループ。運転が下手でも免許がもらえるなどの「がん患者の特典」。こうした環境や家族の支えが、がんを抱えた若者が普通に生活すること、よりよく生きることを可能にしている。

死と向き合いながら生きる若者の等身大の姿がリアルに描かれていることも印象に残る。オーガスタスは、忘れられることが怖い。ヘイゼルは、自分はいつか爆発する手榴弾、自分が死ぬことで周囲の人を傷つけたくないと思っている。悲しいだけの存在になりたくない。だから涙を飲み込み、愛してくれる人に笑顔を向ける。かわいそうと思われるのは大嫌い。

がんと勇敢に闘い笑顔を絶やさなかったと言われることにも違和感を抱く。「がん患者」ではなく、ひとりの人間として、ありのままの姿を見てほしい。ヘイゼルの思いは作者のメッセージでもあろう。

原題は、*The Fault in Our Stars*.

10代からの海外文学 STAMP BOOKS シリーズの1冊として刊行されている。

（鈴木佐喜子）

追記

アメリカでは発売後、ベストセラーとなり、2014年、「きっと、星のせいじゃない」というタイトルで映画化された。

物語

シフト

ジェニファー・ブラッドベリ　小梨直 訳
福音館書店　2012年　384p
中学生〜

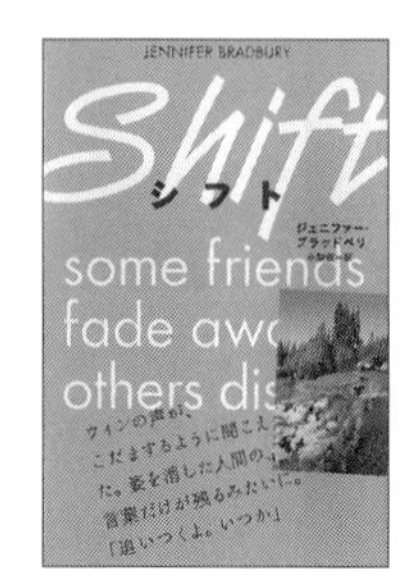

キーワード　高卒後　自転車大陸横断　友人　自分らしさ

友や親と離れてつかむ新しい自分

小学3年生から高校卒業までずっと親友できたクリスとウィン。クリスは建設労働者の息子で大学進学にもアルバイトが不可欠だが、父親はクリスの判断を尊重してくれる。ウィンは地元の化学工場のCEO（最高経営責任者）の息子で金には不自由しないが、父親はウィンを支配する。この2人が、高校卒業の翌日から大学入学までの2か月間、北回り5000キロのアメリカ大陸横断自転車旅行をする。キャンプしながら雨風であっても山越えの上り坂でも、毎日90キロ近く自転車で走り続ける。

しかし旅行の最終盤、ウィンが消える。クリスは、ウィンの気まぐれに振り回されたこともあり、計画にあったおじさんの所に行ったのだろうと考え、1人で完走する。だがウィンは大学が始まっても家にもどらず、「失踪」した。

「失踪」後、ウィンが2万ドルを持っていたことやおじさんはいないことがわかり、ウィンの父親はクリスがウィンを殺して金を奪ったか、そうでなくともクリスはウィンの居場所を知って隠していると疑い、FBI捜査官を雇ってクリスを監視させる。そのとき差出人名のない絵葉書がクリスに届く。消印と旅行中のできごとからウィンからではないかと見当をつけ、ウィンを捜しに自転車で行った道をバスでたどる。

クリスは、捜査官の尾行を振り切りウィンの居所を突き止めるが、そこで出会ったのは「生まれ変わり」のウィンだ。それはまたクリス自身の姿でもある。「いまは――おれたちふたりとも変わって、みんなが考えるより、すごいんだってことがわかって——お互いそれを知ったいまは、もうもどれないよな、もとの場所には。大きく超えちゃったんだからさ。あの町も、みんなの期待も……自分自身も」のウィンの言葉のように、旅行中の何層もの「シフト（変化）」を経て、２人はそれぞれのやり方で新しい自分をつかみ取った。だから、クリスはウィンの居所を誰にも伝えないことを決断する。

本書の全28章は奇数章がウィンを捜す現在、偶数章が自転車旅行中の過去だ。全文がクリスの視点で描かれているので、読者はクリスとともに旅行中のウィンの言動を思い出しながらウィンの「失踪」の動機と居所を推理する。

クリスもウィンも「相手に嘘をつかせないために、知らせない」という表現をしているのが興味深かった。これには、相手は必ず自分をかばってくれるという信頼が前提にあり、相手に知らせないことで生じる相手の不安や怒りを自らが引き受けるという覚悟があり、同時に自らの行動に責任をもち最終的に相手を納得させられる自信があるから言える表現である。親や親友から距離を取り自立し新しい自分を生み出す第一歩が、この表現なのかもしれない。

そのためには、それを仕向けるおとなが必要になる。クリスの父親は「コリンズ（ウィンの父親）のことは父さんにまかせて、おまえは正しいことをやるんだ」と言い、ウィンを捜しに行くクリスに「行き先は聞かないほうがいいな」と言う。青年が自立しようとするときのおとなのあり方も大いに考えさせられた。

（田代康子）

絵物語

バスの女運転手

ヴァンサン・キュヴェリエ 作
キャンディス・アヤット 画　伏見 操 訳
くもん出版　2005年　100p　版元品切れ・重版未定
小学校高学年〜

キーワード　フランス・介護・友だち

おばちゃんと少年の「信頼」という友情

郊外に住むぼくベンジャマンは、毎日バスで学校に通っている。「あいつはくさい。おまけにブスだ。なんたって鼻がでかすぎる」という書き出しで始まるこのバスの運転手は、ヘビースモーカーのおばちゃん運転手イヴェット。無愛想で、強いタバコの匂いをさせヒゲすら生えていて、実は「おじちゃん」なのだというウワサもある。子どもたちには恐れられた存在だ。

できれば学校なんかに行きたくないぼくは、毎朝、具合が悪いと訴えるけどママは信用せず無理やりベッドから引きずり出す。でも、あの日の具合の悪さは本当だった。どんなに訴えてもいつものことと、ママはぼくを表に追い出した。そして、バスに乗った途端、ぼくはそのまま寝込んでしまったのだ。そして、イヴェットに起こされて気がつくとそこはバスの終点。でも、もう学校には間に合わない。「おばちゃんとふたりきりなんてぜったいにごめんだ。それでも学校に行かなくてすんだことはとてもうれしかった」。ぼくがホントに熱があることを知ったイヴェットは、ママと学校に連絡した。「お母さんはすぐに迎えには来られない。あたしもすぐには、送ってやれない。だから昼まであたしといて午後になったらちょっと周り道をするけど学校に送ってやる。」「だけど条件が一つ、いっさい口をきかないこと。わかったか?」

バスは田舎道を猛スピードで走りぬけ、灰色の家の前に止まる。周りは荒れた農場が広がって、どうやらイヴェットの家らしい。ぼくは約束を破って薄暗い部屋の中に入り込み、若いときの写真を見つける。なかなかの美人。約束を破ったぼくに、イヴェットは明らかに頭にきていたけど、バスをぎしぎし言わせながら海の見える坂の上に。海を眺めてから別の村に入り、道の両脇に並んだ「いちばん奥のいちばん暗い家の前で」バスを止めた。かつてイヴェットの農場で働いていたレオンという身寄りのないおじいさんの介護に毎日通っていたのだ。それからもう一度海に行き、イヴェットの仕掛けた籠(かご)を引き上げるためボートに乗る。

ぼくの好奇心はウズウズと高まって、聞かなくてはいられなかった。「結婚はしたの、子どもは?」「彼氏ぐらいいたんでしょ?」「ガキ、ウルサイ!」と言いながらも語られたイヴェットの過去の物語。恋をし、婚約までしたのに「思ってもみないことが起こったのだ」。イヴェットの思いもかけない涙で、ぼくはすべてがわかったような気がしたのだ。どうしてだかわからない、ぼくは波に揺られながらながらイヴェットを力いっぱい抱きしめていた…。人生にはどうにもならないことがある。踏み込まない、その曖昧さが心地よい。

海を眺めながら話すこともなく、ふたりでゆっくりとした時間を共有するのがいい。個性的なイラストと、フランス風エスプリ(機転)を効かせたテンポのよい語りに、イヴェットに秘められた優しさがいい。おばちゃんと少年のあいだに芽生えた「信頼」という友情を温かく受けとめたい。

(川上蓉子)

物語

トラベリング・パンツ

アン・ブラッシェアーズ 著　大嶌双恵 訳
理論社　2002年　388p
小学校高学年～

キーワード　女友だち　恋愛　家族

旅するジーンズが結ぶ女の子の友情

本書はアメリカで2001年のベストセラーになった女の子の友情物語だ。ワシントンDCに住む4人の少女たちは生まれる前からのつきあいだ。彼女たちの母親がまず妊婦のエアロビクス教室で親しくなったからだ。彼女たちが3歳くらいまで母親たちはママ友だった。やがて母親たちは仕事に復帰したり、生活環境が変わったりして疎遠になっていくが、娘たちは友情の絆(きずな)を強め、学校は違っても、毎年、夏休みは一緒に過ごした。ところが、15歳の夏はそれぞれに離れて過ごすことになってしまった。

古着屋で買ったジーンズは、体型の異なる4人がはいても、それぞれをいつもより格好良く見せてくれる不思議なパンツだった。そこで、離れて過ごす夏休みのあいだ、その不思議な力をもったパンツに旅をさせ、4人をつないでいく役目を与えた。4人のあいだで順番に送られるパンツは、16歳の誕生日を目前にした4人のおとなへの旅立ちとなるできごとを見守ることになる。

離婚したため、ふだんは離れて暮らす父とふたりで過ごす夏を楽しみに、サウスカロライナに出かけたカルメンは、父が新しい家族をもとうとしていることを知り、それを受け入れられずに悩む。

大柄でスポーツが得意なブリジットは、西海岸でのサッカーキャンプに参加し、大学生のコーチに恋をする。

ギリシャの祖父母の家に出かけたレーナは、近所のギリシャ人の青年に好意を抱きながらも、ハプニングが起こってしまい、彼を誤解してしまう。

4人のうちひとりだけどこにも出かけず家に残ってスーパーのバイトの傍ら、ビデオカメラで映画づくりをするやせっぽちのティビーは、白血病の少女と出会い、その少女の残り少ない時間を共有することになる。

父親、異国の青年、重病の少女、恋の相手などに対して素直にふるまったり、気持ちをことばに表したりできないときにトラベリング・パンツが勇気を与えてくれる。本当に不思議な力をもったジーンズなのかどうかは不明だが、4人の少女に起こるできごとに、彼女たちがそれぞれに傷ついたり葛藤したりする内面がていねいに描写されている。

いつもはメールのやりとりをしている彼女たちが、パソコンのない場所に離れればなれになり、手紙でしょっちゅう近況のやりとりをする。返事が届くまでの時間をひとりで自分と向き合いながら、悩み抜き、答えを見出そうとする。そんな描写も現代ならではのおもしろさだ。

10代半ばの女の子の友情物語はめずらしく、映画「スタンド・バイ・ミー」の男の子の友情物語に匹敵するかもしれない。体型や容姿への劣等感、性格や行動力の違い、それらを認め合っていればこそのけんかや配慮、そして一番つらいとき、何をどうしてほしいのかをわかり合っていく、そんな女友だちの関係のつくられ方の原型が描かれていて、それには大いに共感できる。

（片岡洋子）

追記

同じ著者・訳者による続編『セカンドサマー──トラベリング・パンツ』（2003年）、『ジーンズ・フォーエバー──トラベリング・パンツ』（2007年）も出版された（理論社）。2011年角川文庫刊行。

物語

海がきこえる

氷室冴子
徳間文庫　1999年　306p
〈初版〉徳間書店　1993年　271p
中学生〜

キーワード　奔放な転校生　恋する気持ち　新しい男性像

売れっ子少女小説家・氷室冴子の挑戦

氷室冴子は1980年代の女子中学生・高校生に圧倒的な人気を誇る少女小説家だった。現代的な感覚のヒロインが平安時代に活躍する話や、エッセイ・自伝的小説などを書きながら、読みごたえのある小説も発表してきた。中でも『海がきこえる』は、彼女の傑作のひとつである。

拓と里伽子の恋愛と成長の物語である。家庭の事情で、高知の名門私立進学校に編入してきた里伽子は、成績も運動神経もよく美人で目立つのだが、まわりの生徒や土地になじもうとせず、そのために同性の反感を買う。

一方、主人公の拓は、この里伽子に振りまわされっぱなしだ。修学旅行中に6万円もの借金を申し込まれたり、彼女の家出につきあう形で東京まで出かけることになり、そのために学内でうわさになったりする。拓は親友が彼女に好意をもっているのを知っているので、つかず離れずの関係を保ちつつ、さまざまな接触を通して彼女の言動を少しずつ理解できるようになっていく。

あるとき、彼女がクラスの女子につるし上げられている場面を、拓は目撃してしまう。里伽子は、文化祭のクラスの取り組みに協力しないので、女子から総スカンをくってしまったのだ。この女子のケンカのシーンは、なかなか迫力がある。「自分のことばっかり考えてて」と非難する女子に対して、「自分のこと考えてダメな世の中って、どういう世の中よ。世間が、あたしのこと考えてくれるの？　自分のこと考えるの、あたりまえよ」と言い返す。「クラスの和」をもち出すのに対しては「政治家みたいなこと、言わないでよ。バカらしい」と切り返す。そういう里伽子の辛辣（しんらつ）な反論を聞きながら、拓は彼女に誠実さを感じるのだ。大学生になってから彼は自己分析する。「ぼくが里伽子を好きになったのは、弱みを見せまいと虚勢を張ることでもろさがあらわになってしまう、ある種のけなげさのためだったのかもしれない」と。

拓は、里伽子のみならず多くの人を受け入れられる寛容な青年として描かれている。大学入学後も、恋人のいる女性に振り回されるし、里伽子の義母の気持ちも理解する。そういう拓について、里伽子は「みんなの気持ちがわかるって、だれの気持ちもわからないことよ。ただ八方美人なのよ、拓は」と指摘するのだ。

確かに女性から声をかけられやすい、お手軽なところのある青年ではあるのだが、彼には立ち止まって考える理性がある。人間がどうしてそういう行動をとるのかを考えようと「想像力」を働かせるのだ。

どんな人のどんなわがままをも受け入れているようでありながら、人間としてここからは他人に踏み込んではいけないというラインをもっている拓は、そのまま作者・氷室冴子の人間観の反映である。

甘える男ではなく、かと言っていわゆる「男っぽさ」を売りものにしているわけでもない、新しい男性像も描かれていて、読後感はすがすがしかった。

（石井郁子）

追記

初版後、続編『海がきこえるII――アイがあるから』も刊行され、ともに文庫化されている。１９９３年には、スタジオジブリ制作のアニメ作品として、日本テレビで放送された。
２００８年死去。

物語

ディア ノーバディ

バーリー・ドハティ　中川千尋 訳
〈初版〉新潮社　1994年　243p　版元品切れ
中学生～

キーワード　高校生　妊娠・出産　進路　イギリス

予期せぬ妊娠、そのときの高校生の生き方を問う

大学入学資格試験準備中の予期せぬ妊娠。進学し希望していた勉強をするために中絶するか、それとも進学を断念しクリスと結婚するか、初めヘレンにはこの二者択一しかなかった。ヘレンは妊娠したかどうかの不安のなかで、自分に宿った命をノーバディと呼んで手紙を書き始める。「あなたなんかいらない。出てって。おねがい、どうか、出ていって」と。無理な乗馬をして堕ろそうとし、中絶手術をさせられそうにもなる。だが最終的にヘレンは出産する道を選択する。ヘレンは、ノーバディに「あなたとわたしに余裕ができたら、わたしは音楽大学に行き、そこからいっしょに未来をつくっていこう」と語りかけ、「けれども、クリスを受け入れる用意はできていない。この先の人生を、ずっと彼といっしょに歩んでいく自信がないということ」に気づきクリスと別れ、大きなお腹で試験を受け、好成績で資格を得る。

ノーバディへの手紙は陣痛のさなかに書いたものが最後になるが、命の成長を感じ、愛を見つめ、未来を考え続けるヘレンの心の動きが克明に書かれている。この手紙は出産直前にクリスに届けられ、それを読んだクリスが手紙の日付を追って回想する構成になっているので、ヘレンとクリスの心の動きが対に描かれる。それだけに、妊娠がわかり当初は深く心を寄せ合い命をいとおしんだふたりだったのに、日々命の成長を感じるヘレンと、それがないクリスとの気持ちが徐々にずれていく過程が鮮やかに浮き出る。

しかし男女の違いはあるものの、ふたりともこれから勉強したいことが明確にあり、それに向かって誠実に力いっぱい挑戦している。手紙を読んだクリスは病院に駆けつけ、生まれたばかりのエイミーに会う。そのとき、ヘレンと会えなかった数か月間、クリス自身は一度もヘレンのお腹の子どものことを考えなかったことに気づき、「ぼくはきみを受けとめられない。ヘレンのことも。自分自身をすら、まだ受けとめられないのだから」とエイミー宛の手紙に書く。このことばは、18歳の青年の偽りのない率直な気持ちだと思う。世間体で判断するのではなく、自分の人生をどう創っていくのかという視点で判断しようとするふたりの強さがすがすがしい。

この物語のもうひとつの柱は、4人の女性の存在だ。ヘレンの母親はヘレンの妊娠を受け入れようとはしない。ヘレンの祖母は母親と仲が悪い。クリスの母親は家族を残して家を出て恋人と暮らしている。クリスの叔母は離婚して子どもを育てている。この4人の結婚、出産をめぐる苦悩をヘレンが知る過程で、彼女の選択が決められていく。ヘレンの母親が祖母の未婚の娘だと知ったとき、ヘレンは初めてノーバディの視点で出産を考える。「あなたが生きることを選んだのは、わたし。いまではべつに恥辱でも烙印でもない。ママの育った時代とはちがうのだから。だれもあなたを蔑んだりはしない。けれども、やっぱり、ノーバディ、どうかわたしをゆるしてください」と。

日本の高校生は、ヘレンのような選択ができるだろうか。クリスのように自分の気持ちに向き合えるだろうか。

（田代康子）

追記

本書は、単行本（1994年）・文庫本（1998年）として新潮社より出版後、絶版となっていたが、同じ訳者による改訳を経て、『ディア ノーバディ　あなたへの手紙』として小学館より復刊された（現在品切れ）。

物語

ゼバスチアンからの電話〈新版〉

イリーナ・コルシュノフ 作　石川素子 吉原高志 訳

白水社　2014年　264p／〈初版〉福武書店　1990年

中学生〜

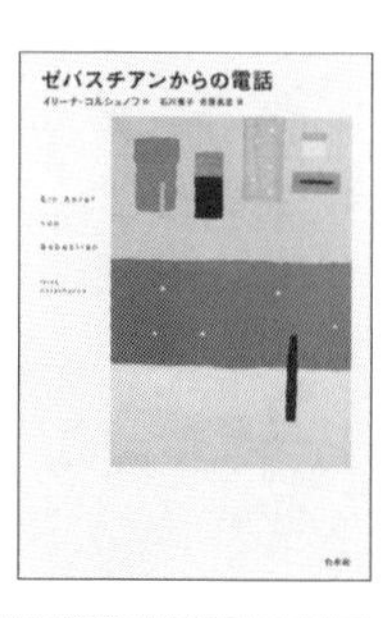

キーワード　「両性」の平等　自立　家族

祖母・母の生き方を超えていく青春と恋愛

若い女性たちは、恋をし始めた瞬間から、相手に尽くすことで自らの生き方を押し殺し、愛の錯覚に陥ってしまいがちではないだろうか。

ヴァイオリニストを目指すゼバスチアンに恋した17歳のザビーネ。大学で化学を学ぶことを夢見ていた彼女は、いつしか、銀行に就職し、ゼバスチアンがヴァイオリニストになる手助けをしたいと思うようになる。それは、彼女が批判していたはずの母親や祖母と同じ生き方だった。ゼバスチアンに自分を合わせることに耐えられなくなったザビーネは、「きみにとって大切なものを、また探せばいいじゃないか」「ぼく以外にさ」という彼のことばを最後に、けんか別れをする。父の独断により購入した郊外の新しい家での不便で不自由な生活を通し、父の意のままに暮らす母の生き方に自分を照射しながら、ザビーネは、ゼバスチアンとの日々をふり返り、自らの生き方を選び始める。

著者のコルシュノフは、日本の読者に向けて、自分の息子のガールフレンドがしだいに自主性を失っていき、お母さんやおばあさんの頃の女性の役割にもどっていくのを見て驚いたことが、この物語を書くヒントになったと書いている。原書は、1981年に西ドイツで出版された若い女性の愛と自立をテーマとした作品である。が、単にひとりの女性の青春と愛と自立の問題としてだけではなく、母を変え父をわかり始め、家族の関係全体を変えていくなかで、彼女の葛藤がとらえられていることに注目したい。

妻が車の免許を取ることすら認めようとせず、娘の進路や彼女が祖母の遺産として手にした家具まで自分の思い通りにしようとした父は、借金に苦しみ、会社をも辞めざるを得なくなった弱い自分を家族の前にさらけ出してくる。せっかく引っ越した家も手放さざるを得ないというとき、母は仕事を始めると言い、ザビーネは、祖母から受け継いだ自分の大切な由緒ある家具を売ることを提案する。

著者は、個人の自立が、それをめぐる相互の人間関係の帰結であり、互いを認め合うことで、新たな絆（きずな）が生まれるということを語っているのだと思う。そして、恋人同士の自立した関係も、人間としての自立の帰結としてとらえているからこそ、恋人ゼバスチアンから時間と距離をおいて描かれたザビーネ・父・母それぞれの自立を経、彼女の愛が、再びゼバスチアンとの出会いに行き着くのだと思う。「もう一度あなたとやり直したい」「あなた以外の大切なものが見つかったから。それでも、わたしにはあなたが必要なの」。ザビーネは待つことをやめ、ゼバスチアンの電話番号を回す。

固定電話はスマホに代わり、若い読者にはなじみの薄い表現となっているとしても、巧みな構成のもと、ザビーネのこれからへの期待が胸に広がる。だから、ゼバスチアンのザビーネへの要求の正当さに同意しつつも、彼の母親からの自立やザビーネへの気持ちの描写に希薄さを指摘するのは、やっぱり、少し欲ばり過ぎかもしれない。

原書刊行から約40年、日本語版初版からも30年を経てなお、女性の自立への問いが古びずに読み継がれていることに、新鮮さをも、とまどいをも抱く。

（三輪ほう子）

3

家族・学校…毎日が生きづらい

両親の離婚・再婚、異母・異父きょうだい、
ステップ・ファミリー、ひとり親…現代の家族は多様で複雑だ。
虐待やDV、貧困など、困難を抱えた家族も少なくない。
今、家族のなかで、子どもは何を感じているだろうか。
また、不登校やいじめを子どもはどのように見つめているだろうか。
ここでは、さまざまな家族や児童養護施設、
学校のなかで生きる子どもの姿を描いた作品を取り上げる。
子どもの想いやおとなの模索から、
家族や学校の現実を見つめ、その可能性を考えたい。

物語

Masato

岩城けい
集英社　2015年　232p
中学生～

キーワード　オーストラリア　異文化体験　家族

オーストラリアに住むことになった少年と家族の物語

12歳の真人(まさと)は父親の転勤にともない一家でオーストラリアにやってきた。姉は高校受験に備えて日本人学校に通うが、真人は英語がペラペラになる、国際人になれるという両親の意向で地元の公立小学校に転入した。これは、タイトルが示すように真人がMasatoとして成長していく物語である。真人の目をとおして現地の学校生活や家族の姿が描き出され、海外生活が子どもや家族に何をもたらすのかを考えさせられた。

冒頭のエピソードが印象的である。クラスメイトのお別れパーティーがあるというのでお皿を1枚持って登校した真人は、エイダンにバカにされ、クラス中が「スシ！　スシ！」の大合唱となる。プリントに書かれた「お皿」は一皿の食べ物を持ってきて、という意味だったのだ。真人はエイダンにつかみかかり校長室に呼び出されるが、何を質問されているのかわからず言いたいことも言えない。真人の心情が胸に迫り、一気に物語に引き込まれた。

鬱屈(うっくつ)した日々を過ごす真人だったが、同じアジア人のケルヴィンや虫好きのノアと友だちになり、ジェイクに誘われて入ったサッカークラブに居場所を見つける。周囲の口まねをするうちに英語が上達し、やがて英語のほうがしゃべりやすくなっていく。

オーストラリアに対する真人の思いや理解が深まるにつれ、真人の家族を見る目に変化が生まれる。こっちの製品は使いにくくてイライラするという母親のことばが、真人には友だちへの悪口のように聞こえる。ケルヴィンが家に遊びに来ると「なあんだ、金髪の子じゃないんだ」と言う姉。金髪、薄い茶色、黒い髪の毛。「オーストラリア人は、みんな金髪ってわけじゃない」。ケルヴィンの両親は台湾人だが、オーストラリア生まれだからチャイニーズでもタイワニーズでもないし、顔つきはオーストラリア人（オージー）に見えない。国籍や民族を一くくりにできないオーストラリアの多様性が浮き彫りにされる。

他方、母親は真人が現地の生活になじんでいくことを受け入れられず、真人が家で英語を話すと怒り出し、サッカークラブをやめて日本語の補習校に行くように命じる。「英語で話そうが日本語で話そうが、真人は真人なんだ！」と考える父親との関係も険悪になる。「I hate you!（お母さんなんか、大嫌いだ！）」と反発する真人だが、栄養士の仕事を辞めてきた母親の虚しさや孤独を感じとり、「お母さんがひとりぼっちなのは、なんだかぼくのせいのような気がしてくる」。葛藤しながらも「ぼくは、ここにいたい！」と自分の道を歩み出すラストが切ない。真人や家族のその後の物語が読みたくなった。

現地の学校生活や日本人同士の付き合いなど、在豪20年以上という著者による描写も興味深い。母親に拘束された生活を送るケルヴィンが真人の家に遊びにきたとき、「靴を脱いだときは指がはしゃいでて、靴ひもはくすぐったがってぱらぱらとほどけていったのに、履くときは、靴ひもが帰りたくないっていやがっているみたいだった」。巧みな内面表現に著者の洞察力と力量を感じた。

（鈴木佐喜子）

追記

２０１７年第32回坪田譲治文学賞受賞。

５年後の生活を描いた続編『Ｍａｔｔ　マット』（集英社、２０１８年）が刊行されている。

マンガ・物語

学校へ行けない僕と9人の先生

棚園正一
双葉社　2015年　287p
小学校高学年〜

キーワード　不登校　先生の威圧　『ドラゴンボール』

あるマンガ家の不登校体験

マンガ家・棚園正一の小中学校時代の不登校体験をもとにした物語である。これまでも体験者の手記やその類の書物にふれたことはあったが、この作品からは学校に行かないときにどのようなことを感じていたのかがわかりやすく伝わってきて、ああ、こういうふうに考えていたんだ、と納得できた気がする。あくまでも、あるひとりの体験談なのだが、知ってみることはとてもよい。

主人公・正知(まさとも)少年は朝起きる時間が近づくと、決まって黒いマントを着たオジサンが出てくる夢を見る。そうなるとたまらなく頭が痛くなり、布団から出られなくなるのだ。家の玄関でも学校の門でも下駄箱でも、何十分も何時間も費やす。ようやく教室に入れても、先生の話すスピードについていけず、質問すれば怒られる。また怒られたらどうしようと、常にビクビクしてしまう。どうしても自分の教室に行かれず、二つ隣の空き部屋で掃除をしながら時間をつぶしていると、しだいに掃除することが自分の役割になった気がしてうれしくなるのだが、迎えに来てくれたクラスメイトのとびきりの明るさに「きっと先生に行くように言われて来てくれたんだ」と重たく感じてしまったり、ピカピカに磨いたつもりの掃除のできを誰もほめてくれず、がっかりするのだった。正知くんの求めているものとまわりの気づかいとが、まったくちぐはぐなのだ。

よくここまでアクの強い人たちをそろえたと思えるほど、強烈な個性の先生たちが登場する。「わからない」と言えば、教科書で教卓を叩いて怒鳴る女性の先生。生徒をすべてあだ名で呼び、問題に正解するとお菓子をくれたり、廊下を走ると正座して10分間前へならえの姿勢を保たなければならない罰を与える少し変わっている男性の先生。飛行場に連れて行ってくれても、何もしゃべらずにひたすら飛んでいる飛行機を見ているだけの年配の家庭教師。有名学習塾経営者の中年女性は食堂でうどんをズルズル音をたてすすりながら、バカでかい声で「なんでお前は学校行かんのだ！　イジメか？」と聞き、正知くんに恥ずかしい思いもさせるのだった。先生たちの表情やしゃべり方までが、リアルに表現されている。「フツウ」になりたい、「フツウ」にしなければと必死に勉強したり、大して興味のないサッカーのＪリーグカードを集めて焦りいらだつ少年の思いと、学校という空間や先生とのギャップが衝撃的だ。

正知くんの強みは、ひとりで遊ぶ世界をもっていたことだろう。『ドラゴンボール』のキャラクターの絵を本物そっくりに描くことが何より好きだ。戦国武将の消しゴムを使って、合戦ごっこをひとりでするのも楽しい。マンガ家・鳥山明の原画展で、鉛筆の線の消した跡や修正した部分を見て、ちゃんと手で描いていることを知り感動する。

その後の鳥山先生との出会いと関係は実にあっさりと淡白で、それこそが正知少年の求めていた人間同士のつきあい方そのものだと想像できる。すでにマンガ関係の仕事で生活している著者は、体験をかつてのこととして客観視している。そのことも、読む側にとっての励ましになっているのではないだろうか。

（石井郁子）

物語

空へ

いとうみく 作
小峰書店　2014年　222p
小学校高学年～

キーワード　母子家庭　DV　祭り

さまざまな家族の事情を子どもの視線で

祭りが大好きで、家族が風邪をひいても、いつもひとりピンピンしていたとうちゃんが、くも膜下出血で救急車で運ばれてあっけなく死んだ。社宅に2か月住まわせてもらった後、かあちゃんと幼稚園に通う陽菜（ひな）と6年生のオレ＝陽介はアパートに引っ越した。陽菜が熱を出したのは、パートを二つ掛け持ちしていたかあちゃんが正社員の職を得た初日。電話はできない。陽介が病院に連れていき、おかゆを食べたいと陽菜に言われて、結果的にコンロから煙を出してしまう。すると、同じアパートに住むお姉さんが飛んできて怒鳴りながらも、おかゆをつくってくれた。今どきあるのか、いや、あってほしいと思わせるエピソードから、父を亡くした家族の物語は始まる。

陽介と同じアパートに春休みに母とふたり引っ越してきたシュウは、同じ中学に通うはずだったが、つかの間の出会いだった。夜、怒鳴り込んで暴れる男はシュウの父だった。シュウは父の暴力を止めようとして大けがをし、救急車で運ばれた。やがて、両親は離婚して、シュウは母の実家に引っ越していった。古着の制服を直して中学に入学した陽介は、ワールドカップを見たときから決めていたサッカー部入部をあきらめた。自由がモットーで先輩後輩の関係も帰宅時間もゆるい美術部に入った陽介は、部活中心であったなら、見えなかったかもしれない周囲の同級生の家庭の事情にも出くわしていく。

陽菜と買い物に行ったスーパーで、クラスで一番人気の女子で、幸せなヤツなんだろ

受賞
2015年第39回日本児童文芸家協会賞

うなと思っていた西宮が万引きしているのを目撃してしまう。「なんで万引きなんてしちゃうのかわかんないの」と言いつつ、「不登校でひきこもり」の兄に必死の親に「おいてきぼり」だとも言う西宮に、「理由わかってんじゃん」と陽介は応える。小学校からの友だちのあっちゃんの兄の啓太くんは陽介も苦手だった。その「空気を読めない」啓太くんが同級生から嫌がらせをされているのを美術部の上級生から知らされる。そして兄の啓太くんを侮辱されたあっちゃんの悔しさからの行動に、陽介は立ち会うことになる。

陽介がサッカー部入部をやめたのは、陽菜を学童クラブに迎えに行ってやりたかったからだ。兄の義務感じゃない。自分が幼い頃には感じずにすんだ寂しさを陽菜に負わせることができないのだ。陽介が妹を愛おしむことと、あっちゃんが兄の啓太を守ろうとすることとが重なっていく。

学校では元気に明るくふるまう友だちも、人に言えない事情を背負って生きていることを、父を亡くして一変した生活の中で知っていく陽介を、重苦し過ぎることなく描く。最後に、祭りが大好きだった父からの思いがけない遺品を通じて、陽介が御輿（みこし）をかつぐ。その展開は、祭りのもつ祝祭性が、その地に生きてきた人々の死を弔い、死者と生者をつないでいることを教えてくれる。

ひとつ残念なのは、「サンキュー！　陽介アイシテル〜」「笑うなって、オレそーゆー趣味ないし」というやりとり。同性愛に気づいた子どもが読者にいるかもしれないのになあ、と思うから。

（片岡洋子）

物語

テラプト先生がいるから

〈新装版〉

ロブ・ブイエー 作　西田佳子 訳

静山社　2018年　288p

〈初版〉静山社　2013年　287p

小学校高学年〜

キーワード　事故　自分のせい？　級友群像

こんな先生のクラスにいたい

本書は、アメリカ・コネティカット州スノウヒル小学校の新任教師テラプト先生と5年生19人の1年間の物語だ。ふざけていたずらをするピーター、読書家の転校生ジェシカ、優等生ルーク、女ボス的アレクシア、無口で不機嫌なジェフリー、太目を気にするダニエル、目立つのが嫌いなアンナ、この7人が次々に交替してクラスの出来事を語る。

第1部は、テラプト先生のユニークな教育実践――グループでの活動、「1ドル言葉を探せ」プロジェクト、サッカー場の草の数計算、特別支援学級訪問、世界の宗教行事や祭り調べと展示、「マイク」を順番に回して発言する学級会など――によって、「学校はきらいだ」「サボったってバレやない」「友だちなんていらない」と思っていた子どもたちが、先生を信頼し、友だちの意外な面を発見し、新たな友だちとの関係が生まれていく過程が描かれる。

しかし最後は、ピーターに仕返しをしたい6人が「偶然」集中して彼を雪の上に倒し、怒ったピーターが「偶然」ポケットに入れていた硬い雪玉を投げ、それが「偶然」先生の頭に当たる事故で終わる。

第2部は、先生の昏睡状態が続くなかで、「自分がピーターを怒らせたから彼が雪玉を投げた、先生の事故は自分のせいだ」と考える6人と、直接雪玉を投げたピーターの苦悩と葛藤が中心になる。それぞれが自分にかけてくれた先生のことばを支えに自分を見つめ、行動を起こす。行動することで、新たな親や友だちとの関係が生み出されていく。そして仲よくなった特別支援学級の子の「ピーター！　きみのせいじゃない！　あれは事故だよ！」のことばを契機に、「自分のせい」ではなく偶然が重なった事故だと気づいていく。

事故では犯人探し、責任探しが常だ。「自分のせい」もそのひとつだ。著者ロブ・ブイエーはこの考え方に鋭く問いかけてくる。誰かのせいにせず「偶然の事故」という見方を確実にできるかと。兄の死を「自分のせいだ」と責め続けてきたジェフリーは、ジェシカに「あなたのせいじゃない」と言われるが、果たしてジェシカのようにきっぱり言えるかと。

ブイエーはジェシカの母親に、先生は自制することを望んでいたから厳しく叱らないできたが、その結果子どもに重い責任を負わすことになったということを言わせた。子どもたちは自分たちの意見を尊重してくれるから先生を信頼したが、それは「厳しく叱らない」ということなのだろうか。厳しくすれば「偶然の事故」は防げるのだろうか。危険を予測し自制する力をつけるにはどうすべきか。ブイエーは鋭く問いかけてくる。

7人の視点の交替は、各自の内面とクラスの複雑な人間関係が鮮やかに描かれ効果的だ。6年間の小学校教師経験をもち、現在も高校で教師をしているブイエーならではのリアルな子どもたちだ。読者は自分もテラプト先生のクラスにいたいと思い、続編を待ち望むにちがいない。

（田代康子）

物語

チャーシューの月

村中李衣 作
佐藤真紀子 絵
小峰書店　2012年　224p
小学校高学年～

キーワード　児童養護施設　家族　寄り添う

希望とは自分を照らす力

『かむさはむにだ』（偕成社）の衝撃は忘れない。1983年、村中李衣さんのデビュー作。普段は顧みられることの少ない身近なお年寄りなどが背負ってきた人生を子どものまなざしから描いた短編集。30余年の時を経て、またしても、村中さんに揺さぶられた。地下水脈のように流れ続けた村中さんの人に寄り添う感性・思想が、時代の変容とともに、さらに豊かな文学の力となっている。

「この本は、ドキュメンタリーではありませんが、いまも日本のどこかの施設で起きているできごとを紡いだものでもあります」（あとがき）。

本書は、児童養護施設に暮らす子どもたちの日々を描く。「明希（あき）が『あけぼの園』にやってきたのは、二月のはじめ。うすい雪が降っていた」。父親と別れ園での生活が始まり、明希は小学校に入学する。それを支え続けるのは、同室で中学生になった美香だった。物語は美香の一人称で語られる。ことばや態度は素っ気ないが、美香は、明希に園での生活のルールを教えたり他の子どもたちから守ったり世話を焼く。

明希には、見たことをそのまま記憶するという特殊な資質があることがわかってくる。が、それは、明希が哀しすぎる過去の親の呪縛から解かれないままであることをも意味していた。

明希は、ちょっとした失敗にもおびえ、「ごめんなさい、とうちゃん。もうしません」

受賞
2013年第53回日本児童文学者協会賞

とくり返す。子どもたちのことばから、一人ひとりの背負っている家族とその歴史が垣間見える。

「おとこがまわたのようにやさしいと、おんなはだまされてついていく。ほれもやがて、なみだにくれるときがくる。ぬれたまわたは、おもくなる。だまされたのにきづいたときは、わたがおもくてにげられん。いんがなことじゃ、いんがなことじゃ」

明希が記憶し、うわごとのようにつぶやいたのは、「ばあちゃんが、いっつも、いっつも、いってた」ことばだった。

小学生の合同遠足の場面は、園の子どもたちと職員の生活と心意気を描いて活力に満ちる。園の18人の小学生たちのお弁当を少しでも一人ひとり異なって見えるようにと、先生たちは詰め方も工夫して持たせてくれる。それを園外の同級生にからかわれた仕返しは、園の男子が結束しての「放水」作戦。

「どの子もみんな、だれがあきらめようと自分だけはけっして自分をあきらめないという生命力の強さとプライドをもっています」「自分で自分の人生を選びつづけていく。自分で選びとったきょうを重ねてあしたを創っていく。…明るい希望、それは他者から手わたしてもらうものではなく、自分を照らす力のことだと、どうかあなたも信じてほしい」。村中さんは、子どもに寄り添うということの問い直しを迫る。

陰影の濃い鉛筆タッチで、子どもたちの心象をとらえる佐藤真紀子さんの挿画が、作品世界を支えている。

（三輪ほう子）

絵本

パパと怒り鬼

—話してごらん、だれかに—

作／グロー・ダーレ　絵／スヴァイン・ニーフース
共訳／大島かおり　青木順子
ひさかたチャイルド　2011年　39p
幼児〜

キーワード　DV　子ども虐待　加害者更生

DV家庭の子どもの沈黙

パートナーから暴力を振るわれても別れなかった理由は、「子どものことを考えて」が最も多い（内閣府「男女間の暴力に関する調査」２０１１年度）。

一方、「児童虐待防止法」の定義では、保護者間の暴力（ＤＶ）は子どもにとって心理的虐待にあたる。親は子どものために暴力に耐えているつもりでも、子どもは心に傷を受け続け、それを誰にも言えずにいる。そんな子どもたちに向けたノルウェーの絵本が翻訳された。

「パパはおだやかかな？　きげんがいいかな？　おちついているかな？　だいじょうぶ。いまはおちついている。いまはきげんがいいぞ。」ボイはパパが落ち着いていると安心する。でもパパが何も言わないとしだいに緊張が走る。ママが「しーっ」とボイを抱く。「ぼくはうんといい子にしてるよ」と「怒り鬼」を通せんぼしようとしたけれど、ついに「怒り鬼」はパパをつかまえる。

「ボイ、じぶんの部屋にいなさい」とママが言う。部屋でボイはひとり息を殺す。ママが泣き叫ぶのを聞きながら、草むらで犬と走っている自分を想像して耐える。やがて「パパは怒り鬼がのこした痕（あと）を見回す。割れたお皿。壁のきず。壊れたドア。そしてママを見て自分の手に怒り鬼がいたことを知る」のだ。ママがパパを手当てする。ボイも「パパをなぐさめてあげなくちゃ」とパパのからだに腕をまわす。

家の中のもの音はどれも「パパのことを話している。ぼくもママも話に出てこない」。パパの暴力が家中を支配し、ママとボイをとてもちっぽけな存在にしてしまう。「もう二度とらんぼうしない。約束するよ」。これまでも何度も聞いたパパのせりふ。ボイは外に飛び出す。誰かに話したい。でも「言葉はぼくのあたまの檻に閉じこめられて」人には話せない。やがて犬や鳥や大きな木に、話せないなら手紙を書けばいいと励まされ、王様に手紙で助けを求める。王様はパパが「壊れた自分を修繕できる」ようにするためにお城に連れていく。

サブタイトルが示すように、「家の秘密」を話せないでいる子どもに「あなたのせいじゃないから安心して話して」と語りかける絵本だ。しかし、日本で当事者の子どもにこの絵本を手渡すことは有効だろうか。DV被害者の母子セラピーを行っている知人に読んでもらいコメントをもらった。

〈ご機嫌な父を「袋いっぱいの飴みたいに」と表現するなど比喩が多く自分を入れる隙間がある。「怒り鬼」と言うのも父と行動を分けてとらえられていい。欲を言えば「怒り」と「暴力」の区別がほしい。しかしラストにとまどう。ノルウェーと違って加害者更生プログラムを強制できない日本では、父が変わるというハッピーエンドを子どもに示すことにためらいがある。〉

日本ではとりあえず、DV家庭の子どものおびえや沈黙について、周囲のおとなが理解する手がかりになる絵本として読まれることを期待したい。

（片岡洋子）

追記

ノルウェー文化省・教会省「児童文学賞」受賞。

原書は、2009年に映画化された。日本公開タイトル「アングリーマン」。

物語

白い花と鳥たちの祈り

河原千恵子
集英社　2010年　360p　版元品切れ
中学生〜

キーワード　居場所のなさ　親子関係　発達障害

善意は鈍感さと同義語かもしれない

このところ、新書やいわゆるライトノベル作品の題名が長くなっているようだ。日常会話そのままでドキッとさせられたり、一瞬何と読んだらよいか迷うようなものもあり、なかなかインパクトがある。それらに比して、この作品は装丁も題名も地味なのだが、内容はじっくりと濃い。

あさぎは中学1年生。親しいと思っていた友人から「一緒にいても、つまんないんだよね」と言われショックを受けている。だからと言って、いつでもひとりぼっちというわけではないが、居場所のなさを感じている。学校だけではない。母が再婚して新しい「父親」と同居するようになっても、なじめない。母は頻繁に体調を崩すから、それを守るのは自分しかいないとずっと思っていたのに、義父の登場でその役割を奪われるのが納得いかなくて、イライラしている。

中村は郵便局員。窓口を担当しているのだが、人の顔はまったく覚えられないし、料金やつりをよくまちがえる。ミスをするとそれを取り返そうとしてパニックになり、直前の記憶さえなくなることもある。しばしば助けてくれていた同僚が退職してしまうことも不安だ。

この孤独なふたりが、郵便局の客と窓口担当として出会う。初めからどこか気になるふたりの互いへの思いは、恋愛感情ではない。同じような不安を抱えている者同士の直

受賞
2009年第22回小説すばる新人賞

感とでもいうのだろうか。互いのことがなんとなく気になりながら過ごす日常がそれぞれの視点から語られ、そしていくつかの事件が起こる。

中村の気持ちに即した描写がとてもていねいだ。事故で大けがをして入院した彼に対しての周囲の反応の変化が、彼にはとても気になる。「自分の周りの世界が以前とほんの少し、一ミリの十分の一くらいずれてしまっている」ような違和感を彼は覚えるのだ。ルームシェアしていたのにほとんどすれ違いでろくに口もきいていなかった同居人が、急に親切に面倒をみてくれる。

男のもとに引っ越していた母親は病院に駆けつけると、中村の幼い頃の思い出や親としての至らなさを泣いて語るが、「こんなに反省している私を見て」「こんなに自分を責めている私を見て」と言っているようで、中村はそこにある種の残酷さを感じるのだ。彼が長く封じ込めていた「いなくなりたい」「いなくなれなくて申し訳ない」という感覚が改めてよみがえってくるからだ。

悪意のある人間はほとんど出てこない。それぞれが自分の仕事や立場に誠実であろうとしてうまくいかず、結果的に周りを巻き込み傷つけてしまうのだ。とりわけ親子関係においては、善意は鈍感さと同義語かもしれないと思わせられる場面がいくつもあった。

登場人物は多いが、読んでいてまったく混乱しないどころか、一人ひとりのイメージが具体的に読者に迫ってくる。作者の力がしっかりと伝わってくる作品だった。

（石井郁子）

物語

タチコギ

三羽省吾
幻冬舎文庫　2011年　470p
〈初版〉幻冬舎　2008年　382p
小学校高学年〜

キーワード　鉱山町　格差　友情　不登校

30年の時のかさなりを見つめて

柿崎信郎（ノブ）は、祖母の訃報を受け、10歳の息子智郎をつれて祖母が住んだ町を30年ぶりに訪れる。不登校に苦しむ智郎は、ゲーム機だけが彼の逃げ道であった。そんな息子に何ができるか、1日遅れてくる妻杏子から託された宿題を抱えた旅でもあった。祖母が住み続けた町は、信郎が息子と同じ10歳まで生活した鉱山町であった。が、ノブの記憶のなかにあった町の景色は、色も匂いも光までもが大きく変化していた。物語はノブの濃密な人間関係のなかで築かれていた子ども時代と、智郎が学校で背負わされた今とが30年の時の流れを見据えながら交互に語られてゆく。

鉱山の町は、運営サイドの従業員と鉱夫という現場労働者とに大別され、住居も鉱夫用アパートと「山の手」といわれた一戸建ての地区と明確に住み分けされていた。このわかりやすい「格差」の構図は、そのままノブたち小学生の世界に反映されてもいた。お互い敵対しながらも、ノブ、ウネリン、チクワ、ガボちゃん、ジャガ夫、そして「山の手」のタカオミも入れて悪ガキ仲間があった。「パソコンもコンピューターゲームもなかったが退屈はしておらず、いたずらしたり女の子を追いかけ回したり山を探検したりで、いつも何かで興奮していて、いつも何かで忙しかった。…」――そんなはじけるような子どもたちの日常も、鉱山の経営方針の転換で大きく変わり始める。

１９７８年6月。会社は、アメリカの企業との合併を受け入れた。日本の鉱山が次々と閉山に追い込まれていく時代の変化に、1960年代のような激しい労働運動を起こす力はすでになくなっていた。かつて、ピケの先頭に立って闘ったノブの父も、市街地に引っ越し、鉱夫から自動車整備工場の工員になることによって、ノブ一家もこの鉱山町を離れたのである。

どこかワケありで、しかし子どもたちにとって魅力的なおとなたちの存在を絡めながら重層的にエピソードが織り込まれているのだが、縦糸は、ノブには決して忘れることはできないガボちゃんとの思い出である。母子家庭であったガボちゃん。ガボちゃんの母は、独身寮の住み込みの賄い婦として働いていた。「独身寮には近づくな」といわれていたのに、ノブはガボちゃんを訪ねてしまう。偶然灯りのついた一室を覗いたとき、若い鉱夫と、昼間とは違うガボちゃんの母の姿があった。「生まれて初めての懊悩(おうのう)は、10歳の少年から簡単に思考力を奪った」。その場を逃れるためにノブは自転車を必死に立ち漕(こ)ぎした。タイトル「タチコギ」のゆえんであろう。

場末の赤提灯(あかちょうちん)で、ノブは30年ぶりに思いがけない人々と再会する。そして、現実の厳しさに振りまわされながらも、困難を跳ね返してきたガボちゃんの今の活躍を知る。常に彼を励まし続けた父のような「おとな」の存在も含めて。ノブは、帰京する列車の中で、妻と息子にずっと押さえ込んできた記憶を解き放すように、すべてを話す。それは父として不登校に苦しむ息子との初めての対峙(たいじ)でもあった。安易な展望はないけれど、それでも未来を予感させる結末は秀逸である。

(川上蓉子)

物語

タトゥー ママ

ジャクリーン・ウィルソン 作　小竹由美子 訳
ニック・シャラット 絵
偕成社　2004年　342p
小学校高学年～

キーワード　精神を病む母親　父親探し　里親制度

10歳の少女が精神を病む母親と生きるとき

ジャクリーン・ウィルソンは、英国の人気児童文学作家である。その彼女自身が自作のなかで一番好きだというのが本書だ。

「誕生日、マリゴールドは、またおかしくなってしまった」から、この本は始まる。マリゴールドは、自らデザインした色とりどりのタトゥーを全身にほどこした、この日33歳になる精神を病む2児の母親である。酒は飲むしちゃんと働かないし気分はくるくる変わるし、「ふつうの」母親ではないけれど、10歳の娘ドルフィン（ドル）にとっては魅力的な大切な母親である。だが、14歳の姉スターは、最近そんな母親を批判することが多い。突然スターの父親が見つかり、ドルにとって唯一の頼りだったスターが父親と生活するために家を出てしまう。このときからマリゴールドの精神状態はいっそう不安定になり、母親を守ろうとドルの必死の苦闘が始まる。ドルの状況は特異である。しかも長いあいだ見つからなかった2人の娘のそれぞれの父親が見つかるというその後の展開も都合がよすぎる。それでもなお、日本の多くの子どもたちに読んでほしい。

第一に、10歳のドルが「わたし」をつかまえていく過程が描かれているからだ。姉や母親の魅力あるいは級友の魅力に比べ自分を卑下し、自分よりもっといじめられている級友オリヴァーよりはましだと思っていたドル。しかし、神経症気味の母親に苦労するからこそマリゴールドやドルの人目を気にしないたくましさに憧れるオリヴァーと知り合い、他と比較して自分を見ている自分に気づく。全体がドルの一人称で構成されているだけにドルの「わたし」をつかむ過程がリアルに迫ってくる。パニックになった母親を前に、たったひとりで救急車を呼び、結果的に母親が嫌っている病院に入れたことをずっと後悔する10歳のドルがせつなかったが。

第二に、自分はけっしてひとりぼっちではない、冷静によく見れば必ず信頼できる人間が自分のまわりにいる、どのようにしたらそんな人を発見できるか、その手がかりが描かれているからだ。休み時間にいじめられない隠れ場所だと気づいた図書室、そこでのオリヴァーとハリソン先生との出会い、スターとドルのそれぞれの父親がわが子と初めて会ったときの対応の違いなど、本当に信頼できるおとなや友だちはどう行動するのかを教えてくれる。

第三に、子どもは無条件に愛されることを求めていいのだと強く描かれているからだ。本書では姉妹、親子という肉親の愛情だが、ウィルソンは他の本では血のつながらない愛も描いており、本書でも里親ジェインおばさんの愛は大きい。

深刻なテーマだがけっして暗くはない。そこがジャクリーン・ウィルソンの作品の魅力である。いじめっ子にやり返せるほどに自分の気持ちをはっきりと表現できるドルの魅力や本音でぶつかり合う会話、ニック・シャラットのユーモラスな絵やマリゴールドの色鮮やかなタトゥーの印象もあり、情景がリアルに目に浮かび読みやすい。自分を探しあぐねている少女に光と方向を感じてもらえそうな気がする。

（田代康子）

追記

原書はガーディアン賞受賞。70冊以上の本を出版しているウィルソンは、どの本でも小中学生が家庭や学校で悩む問題を鋭く、しかも明るく描いている。たとえば、養護施設や里親に育てられる子どもたちを描いた作品群（『ダストビン・ベイビー』偕成社、『トレイシー・ビーカー物語』全3巻　偕成社）、親の問題を抱える子どもたちを描いた作品群（『みそっかすなんていわせない』偕成社、『シークレッツ』偕成社、『ローラ・ローズ』理論社）、14歳の少女の恋、ダイエットなどを描いた作品群（girlsシリーズ、理論社）などがある。

物語

ウェルカム・ホーム！

鷺沢 萠
新潮文庫　2006年　251p
〈初版〉新潮社　2004年　221p
中学生～

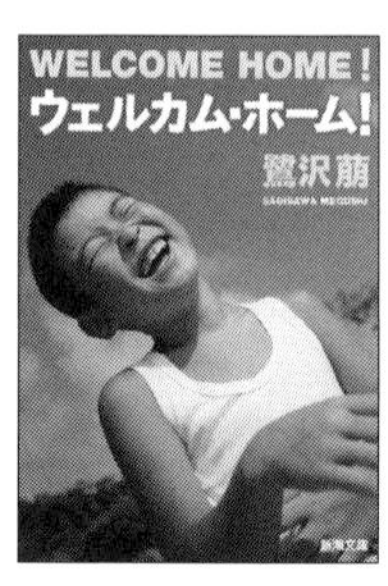

キーワード　血のつながらない家族　親子

血のつながらない家族を描く

『「結婚」なんかしてなくたって、血なんかつながってなくったって、家に帰ってきたときに、こう言ってくれる人が、たぶんあなたのほんとの家族。『おかえりなさい！』』

初版単行本の帯に書かれた文章を読み、重松清著『幼な子われらに生まれ』（幻冬舎文庫）の一節を思い出した。「幸せとは、一番近くにいる人を一番好きでいられることで、遠く離れてしまった人に『お帰り』と言えることで、助けを求められたらいつでもどこへでも駆けつけられること」。重松が描いた家族も血縁だけの結びつきではないが、本書の「家族」はもっと緩やかだ。

「渡辺毅のウェルカム・ホーム」は、親友・英弘の家に同居し、家事全般を受け持つシュフ毅の物語である。同居生活は7年前に始まった。英弘は妻が病死し、幼い息子憲弘を抱えて困り果て、毅も父から任された店をつぶし、仕事と妻と家を一度に失ったからだ。「ぼくの家には、お父さんがふたりいる。お父さんとタケパパだ。…タケパパは家にいて、ごはんを作ったり、そうじしたり…」。

ふと目にした憲弘の作文に動揺した毅は自分の人生をふり返る。「テキトー」に生きてきた毅が初めて「テキトー」に取り組まなかったことが憲弘を育てることだった。毅の自負と「男の沽券（こけん）」へのこだわり。毅の視点は、男と女、家事をする者と仕事をする者を行き交い重層的である。

書き終えた憲弘の作文の続きがいい。「タケパパもぼくのお父さんだから、タケパパの子供は、僕の兄弟になる…。弟や妹ができたときには、きっと一緒に住めないと思う。でも、一緒に住んでいなくても、家族だと僕は思う」。

「児島律子のウェルカム・ホーム」では、男運の悪い律子の人生が、再婚相手の前妻の子、聖奈との関係を軸に描かれる。幼い聖奈が天使に見え、石井との再婚を決めた。証券会社で働きながら懸命に聖奈を育てる「義理の母」律子と「由緒正しい」石井家の内実が対比的に描かれる。「浮気」で家に寄りつかず、事業存続のため親だけでなく妻にも借金する夫。息子を溺愛し孫よりも「月下美人」や「オトモダチとのお芝居」を大事にする夫の両親。思春期を迎えた聖奈は、不登校になりグレ始める。舅(しゅうと)の死を機に離婚した律子が、連絡の途絶えていた聖奈と再会する場面が心にしみる。

毅は「未婚、子ナシ、三十代以上」(酒井順子『負け犬の遠吠え』講談社文庫)でホームレス、自分の収入だけでは食べていけない。律子は2度離婚し、今は独身。若い頃、流産したことに対する罪の意識や自らの過去に「形のある何か」はないという思いを抱いて生きてきた。

懸命に子どもを育てたことが、子どもに通じ、「親子」を実感する時が毅、律子に訪れる。酒井が言うところの「負け犬」を主人公として、血のつながらない「家族」の物語を創り出したところに鷺沢独自の視点がある。それは、繊細でありながら限りなく優しい物語であった。

(鈴木佐喜子)

追記

鷺沢萠は、1992年『駆ける少年』で第20回泉鏡花文学賞を受賞。他に『帰れぬ人々』『君はこの国を好きか』『ビューティフル・ネーム』など著書多数。2004年死去。

物語

13歳の沈黙

カニグズバーグ作品集 9
E.L.カニグズバーグ　小島希里 訳
岩波書店　2001年　304p　版元品切れ
小学校高学年～

キーワード　複雑な家族関係　義理のきょうだい　友だち　恋

沈黙が織りなす家族の再生

「赤ちゃんが起きないんです」という緊急通報の瞬間から友だちのブランウェルはひと言もことばを話さなくなってしまった。赤ん坊はブランウェルの義理の妹、ニコル。救急車で病院に運ばれたが、危険な状態が続く。ブランウェルは少年保護センターに連れていかれた。

ブランウェルの父親ザンボルスカ博士に依頼されたぼくは、保護センターに通い、ブランウェルとの対話の方法を探り、事件の真相をつきとめようとする。いったい何があったのか？　なぜ、ブランウェルは話せなくなったのか？　緊迫感のなかで一気に読ませる作品である。

事故で母親と死別したブランウェルは有名な遺伝学者である父と暮らしてきたが、父はベトナム人の生物学者ティナと再婚、ニコル（ニッキ）が生まれた。ニッキの育児をするために若いイギリス人女性ビビアンが住み込みで雇われた。母方の祖父母「ご先祖様」の所に滞在するあいだ、ブランウェルは苦手なゴルフや盛装での夕食など、おとなから求められた通りにふるまう。インテリで経済的にも恵まれているが、人種や人間関係が複雑に絡み合ったブランウェルの家庭。

ぼくも父親の2度目の結婚の子であり、義理の姉マーガレットは父を「学籍担当事務官」と呼ぶ。1か月ぶりに会う父の脇にティナが立っているのを見て、飛び下りて来た階段の途中で立ち止まるブランウェルの表情。マーガレットは自分の思いと重ね、ブランウェルの孤独、疎外感を理解する。ぼくのビビアンへの恋心もブランウェルの思いと重ねられる。協力して真相を探るなかでぼくとマーガレットは理解を深め、結びつきを強めていく。

原題はSilent to the Bone「骨の髄まで徹底的に黙りこくって」。幾層にも積み重ねられた沈黙の層がはぎ取られ、孤独、思春期の恋、罪悪感…、複雑な家庭環境のなかで少年が感じた心の叫びが明らかにされる。

「もし、森の中で木が倒れたとして、それを聞いている人がだれもいないとしたら、その木は音を立てていると言えるんだろうか?」

ブランウェルのこの問いは、彼の深い孤独を象徴している。ぼくは「沈黙が多くを語れること」、ブランウェルが「急に話せなくなったのには、もっともな理由があった」ことを理解していく。

小児心身症外来を受けもつ生野照子の次のことばを思い起こした。

『病む』という事態は混沌として悲惨ではあるが、…この混沌の中にこそ現代家族や社会にとって必要だと思われる価値を見いだすことができる。『病む』という機能不全自体に、新しい機能算出の可能性を見ることも多いのである」(斉藤茂男編『子どもの世間』小学館)

沈黙の多様な意味、可能性を考えさせられた。

(鈴木佐喜子)

追記

カニグズバーグは、『クローディアの秘密』など現代の子どもたちが直面する問題を取り上げた名作で知られるアメリカの代表的児童文学作家である。

物語

ブループリント

シャルロッテ・ケルナー　鈴木仁子 訳
講談社　2000年　243p
中学生〜

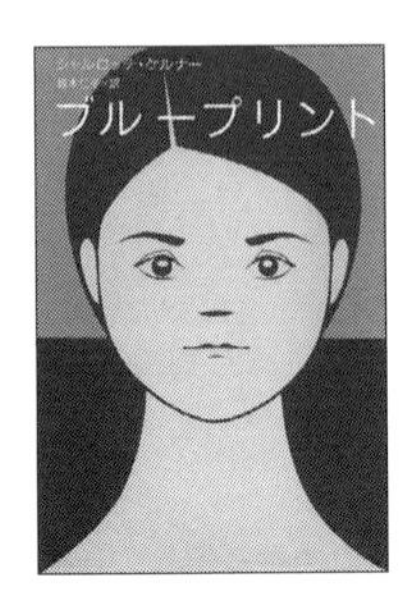

キーワード　クローン人間　近未来　母娘関係

クローン人間はどう生きられるのか

1996年にクローン羊・ドリーの誕生が発表されたときの衝撃は大きい。男と女がいなくても人間ができてしまうことは、その時点でもう時間の問題になったが、この『ブループリント』は、クローン人間として生まれた子どもの手記という体裁で書かれている近未来小説だ。クローンであるがゆえに負わなければならない苦悩や悲しみと自立が描かれた作品である。

天才ピアニストのイーリス（IRIS）は30歳を過ぎたとき不治の病に冒され、間もなく自分がピアノを弾けなくなり、長生きもできない身になったことを知る。そこで、自分の才能を永遠のものとするために子どもを産もうと決意し、生殖医学の研究所を自ら訪ねる。イーリスの皮膚細胞から採取された核が卵細胞の中に注入され、もう一度それを自身の子宮に着床させることで、妊娠し出産するのである。こうして生まれたのが、イーリスの子どもスーリイ（SIRI）である。2人の、母娘であり双子でもある奇妙な生活が始まる。

スーリイは、母からピアノを習わされることも、自分に父親というものがいないことも、受け入れていたが、ピアノの演奏に失敗したことを機に、自分はいったいどういう存在なのかということを考え、模索し始める。ひきがねは二つあった。

一つは、スーリイへの祖母の態度。祖母は自分の子どもイーリスの少女時代とまったく瓜二つのスーリイを見て、「自分の娘が二回いる」と感じてしまう。そしてそれは喜びではなく、かけがえのない自分だけの思い出が奪われてしまったことなのだと絶望し、孫を化け物よばわりしてしまうのだ。

もう一つは、スーリイが母の恋人を好きになってしまったこと。気持ちは相手に受けとめてもらえず、母にも気づかれ嫉妬され罵倒されたときに、母娘の憎しみ合いも始まってしまう。こうして、ピアノを弾いても「コピーには何の価値もない、オリジナルをこえて輝くことはない」ことを悟り、自分は「白い紙にじかに焼きつけられた、青い色のコピー＝ブループリント」であることを痛感したスーリイは、ついに精神を病み、母からも離れていくのだった。

たしかに、母娘の葛藤や親からの自立というテーマは、クローン人間に限られた問題ではない。しかし、同一の遺伝子情報をもった存在を意図的につくり出すことによって生まれるそれらの問題の深刻さは、やはり特別であろう。初めからオリジナルの才能や個性を引き継がせるためのコピーたる存在として生み出された者は、自分自身をいったいどのように見つけていけばよいのだろう。

母の葬式の際に久しぶりにピアノ演奏を披露したスーリイに、参列者からは大きな拍手が送られる。そこで感じるスーリイの思い、母の死によってようやく「唯一無二の人間になった」「わたしが喝采をもらうためには、あなたは死ななくちゃいけなかった」のことばは重い。

（石井郁子）

物語

レモネードを作ろう

ヴァージニア・ユウワー・ウルフ 作
こだまともこ 訳
徳間書店　1999年　304p
中学生～

キーワード　1970年代のアメリカ　貧困　未婚の母　福祉

厳しい現実を乗りこえる少女たちの友情

14歳のラヴォーンの父さんは、彼女が幼いとき、不良同士のケンカの巻き添えに遭い、流れ弾に当たって死んでしまった。それから借家人組合で働くしっかり者の母さんと2人で生活してきた。もう、セピア色の思い出になってしまった父さんの姿や匂いを、時折風のように感じる町。優しかった父さんの思い出につながる町は、しかし、貧しさと危険に埋もれてもいた。ラヴォーンには夢があった。いつかこの町を出て、大学を出ていい職に就くこと。大学に行きたいという夢は、母さんの夢とも重なって『大学』という言葉はいつもうちにいる」ようになる。そのためには、勉強をすることはもとより、お金を貯めなければならない。だから、ラヴォーンは、ベビーシッターのバイトを始めることにした。ベビーシッター先は、未婚で2人の子どもを持つジョリーという17歳の母親の家。その家の凄まじさは想像を絶していた。べたべた、ねとねとの床、ゴキブリがはい回り「どこもかしこも先週出し忘れたゴミみたいな臭い」に満ちていた。それでも断れなかったのは、「わたし、ひとりじゃやってゆけないんだよね」と何度もいうジョリーの必死さと、上の男の子のジェレミーが、自分から手を握ってきたことだった。その日から、ラヴォーンは、ジョリーたちの暮らしに深く関わるようになる。

両親の愛を知らないジョリー。学校にもほとんど行けず、読み書きも不十分なまま、行きずりの男たちと関係をもって、2人の子どもを産んでしまったジョリー。そんな危なつかしい生き方に反発を感じながらも、福祉の世話になることは、子どもたちを取られてしまうことだとかたくなに思っているジョリーの一途さに、心ひかれていくラヴォーン。仕事も長続きしない今の不幸は運が悪いからなのだと、ともすれば投げやりになるジョリーを、何とか助けられないものかと悩むラヴォーンは、母さんの助言も得て、ジョリーを、子どもを預けながら学べる「立ち上がる母親計画」クラスに通えるようにする…。

重いテーマながら、物語はラヴォーンの目を通してテンポよく描かれていく。散文調の軽やかな文章のなかに、ジョリーのような若者の社会復帰を援助する制度や、天涯孤独と思っていたジョリーにも、短い期間ではあってもグレンばあさんに愛情いっぱいに育てられた時間があったことなど、作品を奥行き深くしているエピソードが巧みに織り込まれている。表題の「レモネードを作ろう」は、「環境に恵まれなくても、決してその犠牲になってはいけない」という作者の熱いメッセージに通底しているのだが、そんな押しつけを感じさせない明るさがすてきだ。そして、アメリカという多様な人種のるつぼの底で生活しなければならない主人公たちの肌や髪の毛の色を明記しない作者の視点が優しい。濃密な時間を共有しながらも、新しい目的をもって歩み始めたジョリーとラヴォーンの、素っ気ないほどの別れがさわやかな余韻を残す。それにしても、60歳を過ぎている作者のみずみずしい感性に私は心ひかれた。豊かな人生経験に裏打ちされた鋭い時代感覚と好奇心が、優れた感性を鍛えているのだと励まされた。

（川上蓉子）

物語

ヤンネ、ぼくの友だち

ペーテル・ポール 作　ただのただお 訳
徳間書店　1997年　374p
小学校高学年〜

キーワード　1950年代のスウェーデン　児童虐待　友情

スウェーデンにあった時代の重みとは

1990年代後半、日本に翻訳紹介される児童文学に、スウェーデンの新しい作品が目を引いた。スウェーデンと言えば、今では華麗な発展を遂げた福祉国家として名高いが、20世紀初頭までは、ヨーロッパでももっとも貧しい農業国の一つであった。

日本の子どもたちにも愛されている「ムーミン」や「長くつ下のピッピ」に脈打つペーソスとユーモアのなかに、暗い惨めな時代をしのいできた開拓者精神の活力と悲しみが透けて見える。『シロクマたちのダンス』(ウルフ・スタルク／本書110ページ)のような離婚という現代的なテーマを扱った作品にも、歴史に裏打ちされた上質なユーモアとペーソスが、豊かな世界を紡いでいた。

本書は、スウェーデンが育んだユーモアと活気にあふれた語り口でありながら、その内容は衝撃的である。1950年代のストックホルム市の郊外を舞台にした物語は、ある事件の「終わりから」始まっている。12歳と8か月のクリッレは、ある日、刑事に突然尋問される。「この自転車に見覚えはないかね」と。その自転車こそ、クリッレのかけがえのない友だち、ヤンネのものだった。物語は、ヤンネについて尋問される現在と、クリッレとヤンネの出会いからの過去の二つの時間が、緊密に絡みながら同時進行する。

ピッピのような赤毛をなびかせ、自転車に乗ったヤンネは、いきなりぼく(クリッレ)たち遊び仲間の前に現れる。そばかすが目立つ白い肌、ちょっと欠けた前歯。少女のよ

受賞
ドイツ児童図書賞、ニルス・ホルゲッソン賞、スウェーデン文学協会新人賞

うなきゃしゃな身体ながら「ヤンネ」という男の子の名前。そして、目を見張るような自転車乗りの技術。陸橋の欄干わたりをする大胆な行動で、たちまち英雄となる。しかし、ヤンネの正体は謎だらけだった。名字も、家族も、住所もわからない。学校にも通っていないようす。しかも、ときどきふっといなくなる。

優しく知性的な両親と姉に恵まれ、何不自由なく育ったクリッレにとって、「異質の世界」に住むらしいヤンネの魅力は強烈であった。大学進学を約束された名門校に進学したクリッレは、一緒に遊んできた仲間たちとのあいだにも今までとは違ったわだかまりがあるのを自覚していた。青春の痛みを少しばかり感じ始めたクリッレは、ヤンネを包むもう一つの時間の謎にますますひきつけられていく。

しかし、ヤンネがクリッレと親しくすること、クリッレの住む世界に入り込むことは、ヤンネ自身の命の危機と背中合わせであった。その残酷な事実を知ったのは、ヤンネへの事件が起こったあとであった……。

ヤンネの正体は、いくつかの伏線で推測することはできる。しかし、そうした推測を超えて、あくまでクリッレの視線で語られる物語は迫力がある。遊び仲間や、両親と姉スーシーのユーモアにあふれた人間群像が魅力的だ。子どもの人身売買、児童虐待という貧しさが生み出した悲劇を引きずっていた時代の闇を浮き彫りにしながら、読後感はさわやかだ。現実の痛みを引き受けようとするクリッレの、ひたむきな思いに貫かれた、青春の書であるからだろう。

（川上蓉子）

絵本

しらんぷり

梅田俊作／佳子 作・絵
ポプラ社　1997年　220p
小学校高学年～

キーワード　いじめ　傍観者　加害者

自身の体験への悔恨といじめの構図を描いた絵本

夫妻で多数の絵本をつくってきた梅田俊作・佳子によるこの大型絵本は１９９７年日本絵本大賞の受賞作。いじめをテーマにしていても説教くささや理想主義を感じさせないのは、自身の子ども時代と息子のいじめ体験への悔恨が脈打っているせいだろう。本書に挟み込まれたリーフレットには、作品のモチーフになった苦い体験が綴（つづ）られている。

小学６年生の教室が舞台。ヤラガセたち４人組にきょうもドンちゃんがいじめられている。一生懸命気づかないふりをしている「ぼく」。心のなかではいつも「やめろー」と叫んでいるけれど「口をだしたら、こんどはこっちがヤバイもんね」。いじめはエスカレート。ある日「ぼく」は、スーパーでドンちゃんが万引きしているのを見かける。その戦利品のシャープペンシルをヤラガセたちにむりやり握らされ、仲間に引き込まれそうになると、「ぼく」がそうしてきたように、友だちはさーっと離れていってしまった。

ドンちゃんを陰で支え、「ぼく」をいさめてくれる屋台のおでん屋のおじさんを除いて、父母も担任もおとなりのしらんぷりをする。いじめの現場では見て見ぬふりの担任は、帰りの会で「みんなのなかにいじめはないかしら」と言い、ドンちゃんや「ぼく」を追い詰める。意を決して話したのに、「シャーペンさえ返してしまえばすむことだ」と取り合わない父。ドンちゃんの転校後の保護者会でのヤラガセの母親の動転ぶりを得々と話し「うちは問題がなくて、よかったわ」と脳天気な「ぼく」の母。こうしたおとなたちがけっして自分とは別物ではないとの作者の思いが、おとなの読者に響く。

クラスのなかの正義感を代表するチカコは、いじめの場面で「やめなさいよ」と止めに入るが、盛り上がりかけた反省会で「イヤだときっぱり言わないのも悪いと思います」と言ってみんなを沈黙させてしまう。いじめは許さない、いじめられる方も弱い、悪いと叫んだところで、そうしたことばが現実に分け入ることができずに素通りしてしまう。

実はヤラガセもまた中学生たちから暴行を受けている。私立中学受験に失敗したというわさも飛ぶ。ドンちゃんも「ぼく」も猫やカラスにあたって、はけ口にする。加害と被害が背中合わせで、単純に加害者・被害者あるいは傍観者と分けられない、いじめの構図を描いている。

卒業式の前日、「ぼく」はしらんぷりを乗り越えようとするが、みっともなくて孤独なたたかいとなる。「けど、スッキリした。これでいいんだ」。ひとり校庭の真ん中にたたずむ「ぼく」に、「やるじゃねえか、おまえ…」とヤラガセが近寄ってくる。「おれもよ…」と言いかけたまま何も言わなかったヤラガセは、何を言いたかったのか。余韻を残して物語は終わる。

1994年11月の大河内清輝君のいじめ自死事件の後、いじめが社会問題化したなかで出版された。出版された1997年6月には、神戸連続児童殺傷事件の犯人として中学生が逮捕された。子どもたちの暴力の陰に何があるのか、おとなが子どもにしっかり向き合って考えようと白黒の絵が呼びかける迫力のある絵本だった。

（片岡洋子）

絵本

わたしのせいじゃない
—せきにんについて—

レイフ・クリスチャンソン 文
にもんじまさあき 訳　ディック・ステンベリ 絵
岩崎書店　1996年（大型版2017年）　24p
小学校低学年～

キーワード　いじめ　傍観者　責任

いじめ傍観とわたしたちの責任

表紙に14人の子どもたちがうつろな表情で描かれている。ページをめくるとその子どもたちの前で、ひとりの男の子が顔を手で覆って泣いている。1ページごとに14人分の言い訳が述べられる。

「学校のやすみじかんにあったことだけど／わたしのせいじゃないわ」

「ぼくはこわかった／なにもできなかった／みているだけだった」

「おおぜいでやってたのよ／ひとりではとめられなかった／わたしのせいじゃないわ」

「自分のせいじゃないか／その子がかわってるんだ／ほかの子はみんなふつうなのに」

そして「わたしのせいじゃない？」と白抜きの文字のページのあとには、説明抜きでモノクロ写真が続く。銃口のまえで目隠しされた少年兵。交通事故なのか壊れた三輪車とその横の布の下に子どもの遺体があることを想像させる写真。工場の煙突から煙の上がる公害、核実験のきのこ雲、やせ細り泣き叫ぶ子ども。

地球上で同時代に起こっているこれらのできごとは、わたしのせいじゃないのか、と問いかける（現在の版と大型版は、油まみれの水鳥や難民キャンプ、銃と首輪のような弾を笑顔で見せる少年などの写真）。

最後の数枚のモノクロ写真がなかったら、「弱いもののいじめはやめましょう」と心がまえを説き、おとなが子どもを「諭す」本になってしまうかもしれない。「知らなかった」「わたしにはどうしようもない」とおとなが等閑視している問題を突きつけられて、子どもとともにいじめを「考える」絵本になっている。副題は「せきにんについて」。いじめを切り口に、わたしたちが負わなければならない責任を放棄してしまうことを戒め、考え行動し続けることを要求している。

訳者あとがきによれば、スウェーデンの学校での人間の生きかたを模索する「オリエンテーリング科」という教科があって生まれたシリーズである。日本では「あなたへ」と題してジェンダーを問い直す『おんなのこだから』など、現在15冊が翻訳・出版されている（岩崎書店）。しかしその中でも、この1冊はずっしりと重い問いを突きつける。

大学の授業で紹介すると、学生たちからは日本と同じようないじめがスウェーデンにもあることに驚いたという感想の一方で、小学生のいじめには、この本のような「弱いものいじめ」があるが、中学でのいじめはもっと複雑で見えにくいという意見も出た。学級全体を巻き込んだいじめから、差別され排除された子どもたちのあいだでの見えにくいいじめまで、そして今ではSNSでのいじめもあり、あらゆるいじめ問題をこの本だけを手がかりにして考えることは難しいかもしれない。

しかし、＃Me Tooで、セクハラなど性暴力の告発が世界中で広がっても、被害者にスキがあったと責める声が聞こえてくるのと同様に、「いじめられるほうにも問題がある」「強くなっていじめられないようにすればよい」という「本音」が今も聞こえてくる。それらを含め、わたしたちの責任を問い直す機会を与えてくれる。

（片岡洋子）

物語

シロクマたちのダンス

ウルフ・スタルク 作　菱木晃子 訳
堀川理万子 絵
偕成社　1996年　270p
〈初版〉佑学社　1994年
小学校高学年〜

キーワード　スウェーデン　家族　両親の離婚　自立

両親の離婚をめぐるせつなくユーモラスな物語

両親の離婚を取り上げた児童文学を読むと、生き悩むおとなや心を痛める子どもといった現実の重さに辛くなってしまうことが多い。しかし、スウェーデンを舞台とした本作品の読後感は、少し違っていた。ホッとしたというか、救われた気がした。

主人公の少年ラッセは、肉工場で働く父さんと准看護婦の母さんと暮らしている。母さんに恋人がおり、その男の子どもを妊娠していることが明るみに出て、両親は離婚。ラッセは母さんの恋人、トシュテンソンの家に引っ越し、彼と彼の娘ロロ、母との暮らしが始まる。トシュテンソンがラッセを品行方正な優等生にしようと、勉強を教え始めると、ラッセはだんだんと優等生になっていくのだが…。生活の変化、周囲の人々の姿がラッセの目を通して描かれる。

強くて大きいと思っていたのに裏切られ、傷ついている父さん、新しい家で幸福そうな母さん、生まれてきたら半分きょうだいになる赤んぼ、ロロとの関係など、子どもの思いは複雑で、難しい問題もたくさんあるが、作者はこの物語をせつなく、しかしユーモラスな物語に仕上げている。「悲しいことを、楽しいトーンでドラスチックに書きすぎると、私を批判する人もいる。しかし深刻に直接的に描くことで、悲しみを前面におしだせるとは思わない。大切なことは行間にある。そして、子どもたちはその行間を読むことができると、私は信じている」（初版帯より）と作者は語っている。重い現実と少

追記

ウルフ・スタルクは、ニルス・ホルケション賞、リンドグレーン賞などを受賞するスウェーデンの代表的児童文学作家。2017年6月に死去。

し距離を置き、現実をとらえ直すことができるように思う。

ラッセは、「ぼくは、ぼく以外のだれにもなれないということなのです。そして自分がだれなのかは、自分でみつけなければいけないのです」というメッセージを母に残して、父の家にもどっていく。ラッセはたしかに、おとなたちの人生にふりまわされ、大きな生活の変化を経験する。だが、その変化のなかで、ただおとなたちを気づかい、犠牲になっていくのではなく、自分の生き方を見つめ直し、自分の生活と生き方を選び取っていくラストに救われた。そして、それを可能にするものは何かと考えさせられた。

父さんの描写が、ラッセの選択をより説得的なものにしている。肉工場の冷凍室で白衣を着て働く姿はシロクマのよう。エルビスの歌と古いハーモニカを吹くことが好きで、おしりに〈平和〉と書かれた長パンツをはいている。不格好で時代遅れ、無口で不器用な父さんの姿からは、生活の臭いやぬくもり、温かさが伝わって来て、逆に新しいきれいな生活がうすっぺらに思えてくる。

評論家の俵萠子が離婚をしたとき、すでに別居生活が長く、生活の実態に大きな変化はないのに、子どもが不安定になったという。周囲から「かわいそう」と言われたからだ。この物語で、父、母、母の新しい恋人が自分の生き方を貫き、どうどうと生きていて、学校や親戚など周囲もそれを当然のこととして受け入れていることも印象に残った。

本書の刊行から20年以上が経つが、日本の家族をめぐる状況は変わったのだろうか。

（鈴木佐喜子）

4

過去と未来を見つめて

現代という時代を切り取ってみても、

2度の世界大戦、多くの民族紛争、それらにともなう難民、移民、民族差別…

そして、自然災害、核兵器や原発の問題など理不尽な現実に、

どれだけの人々、どれだけの子どもたちが痛めつけられてきただろうか。

それでも、人々の記録の視点は、生々しい事実の姿を描きながらも、

生き抜く勇気を模索している。

それらの物語からたち上がってくる時代体験から、

過去と、未来への想いをしっかりと受けとめたい。

物語

スピニー通りの秘密の絵

L.M.フィッツジェラルド
千葉茂樹 訳
あすなろ書房　2016年　296p
小学校高学年～

キーワード　ナチス　略奪美術品　メトロポリタン美術館

中学生が読める圧巻の美術歴史ミステリー

本書の舞台は、ニューヨークのグリニッジビレッジ・スピニー通りにある19世紀に建てられた先祖代々の大きな家だ。13歳のセオは祖父と変わり者の母とここで暮らしていたが、祖父が事故で突然亡くなる。祖父が最期にセオに残した謎のことばが、「卵の下を探すんだ。手紙……。それと、宝物。手遅れになる前に」だ。

稼ぎ手の祖父がいなくなり生活費に苦慮するセオは、宝物の捜索を始める。「卵」は大理石の炉棚に毎朝置く卵だと考え、その下を探すが何も出てこない。炉棚の上にある祖父の描いた絵を調べていたとき、偶然、消毒用アルコール瓶が倒れ絵の具が溶け出し、祖父の絵の下からラテン語が書かれている聖母子像が現れた。画家でメトロポリタン美術館の警備員だった祖父に幼いときから絵の見方を教えられていたセオは、その絵がルネサンス期の本物の絵ではないかと考える。では、祖父はこの絵をどこで手に入れたのか、どうして隠したのか、誰が描いたのか、謎が深まる。

偶然、同じ通りに住む映画俳優の娘のボーディと出会い、ふたりで絵の謎の解明を始める。教会でラテン語の意味を調べ、図書館の本でラファエロの絵だと確信し、美術館で絵を見比べ聖母子の描かれ方の違いに気づき、奇策を用いてX線鑑定を試みる。祖父の軍歴を探し出し、祖父が第2次世界大戦時にヨーロッパで捕虜収容所にいたこと、その後ナチスが略奪した美術品を探し元の持ち主に返す部隊に所属していたことを突き止める。同じ収容所にいた老人を探し出し、この絵を代償に強制収容所から救出された幼女がいたことを知る。この幼女は誰か？ この絵をねらう人物から無事でいられるか？ セオはこの絵で金持ちになれるのか？ ミステリーは最後の最後まで続く。

やや偶然が多すぎると思うものの、謎に迫る13歳らしい探索方法やセオが家事すべてを健気にこなす生活感、グリニッジビレッジの街の魅力、ラファエロと聖母子像のモデルとなった女性とのあいだの秘密、ナチスの美術品略奪や最後にそれらの隠し場所を爆破しようとした史実などによって、偶然についての疑念は忘れさせられる。美術史を学びニューヨークに暮らす著者の調査と感覚が、みごとに躍動している。

幼女を探し出す過程で、ホロコースト犠牲者のオンライン・データベースの存在、それでも２００万人は依然不明であること、１９４１年のフランス在住ユダヤ人の人口調査にもとづいた６万５０００人分の身分証明書を編集した本があることが示される。知らなかった。読んでいて衝撃を受けた部分だ。

意見が対立し言い合いをしても理由がわかれば納得できる、このセオとボーディの距離感がいい。学校以外の余暇の時間は祖父と美術館で過ごしたセオ。両親とともに各地で暮らしインターネットや家庭教師のもとで自由に勉強してきたボーディ。ふたりはそれぞれ自分の世界をもち、自分で考え行動できる。セオの世界はボーディによって広がり、ひとりぼっちで歩いた街は親しい人のいる可能性の広がる街に変わる。セオの葛藤と喜びが、わがことのように感じられるのも本書の魅力である。

（田代康子）

物語

花が咲くとき

乾 ルカ
祥伝社　2016年　350p
中学生〜

キーワード　親子のぎくしゃく　家出　戦争体験

人生を語り子どもに向き合うおとなたち

10代になりたての子どもたちは、親からの理不尽な要求に対して、どのような抵抗を試みるのだろうか。反抗したいのだけれど、うまくできないもどかしさを、いったい何にどうぶつければいいのだろう。

1980年、札幌に住む小学6年の大介の場合は、隣家の老人の軽トラックの荷台にもぐり込み、家出をした。父親から何かにつけて「勉強して受験に勝ち抜かないと、将来は工場のねじまきかトラック運転手になるしかないぞ」と言われる。反論を考えても思いつかなくてうつむくしかない。級友にズボンを脱がされ、からかわれたなどと親には相談できないから、学校ではひたすらめだたぬように生活している。心の支えは、折りたたみ式のアーミーナイフだけだ。常にズボンのポケットに入れ、教室で自分の気配を殺すときも、親から説教されるときも、自分を励ますようにそのナイフを握る。

隣家の独居老人・北海（ほっかい）は、左手の小指と薬指がなく、どんなに暑くても腹巻をして歩いているためか、まわりから気持ち悪がられている。気難しいのに、回覧板を持っていく大介に対してだけはなぜか寛容だ。毎日、庭にある貧弱な木の花芽を探しているが、実は大介は、膨らんでくる花芽を見つけては、こっそり摘んでいたのだ。ところが、ある朝一輪だけ花が咲いた。その日に、北海は車を出し、その車に大介はこっそりと忍び込んだのだった。

追記

2019年、文庫版刊行。

2人の奇妙な旅が始まる。大介の目的は、親から離れることだけではない。この挙動不審の老人の正体を見きわめることが重要なのだ。どうやら北海は、東京の池田という人物に会いに行くらしい。腹巻の中に、池田から北海への謝罪のことばばかりの手紙の束が隠されていて、謎めいている。札幌にもどるように言われても、大介は池田の引っ越し先の住所を突き止めたことと引き換えに、さらに長崎までの旅を続けるのだった。

旅の途中で出会う人との交流が、心温まる。満州から引き揚げ東舞鶴に住み着いていた中年のストリッパーは、裸になることが恥ずかしいのではなく、「誰かを辱めてそれを嘲る、そういうのが、本当に恥ずかしいこと」と諭す。包丁研ぎの鏑木(かぶらぎ)は、大介がナイフを隠し持っていることを知って、師匠である日本刀研ぎ師のところへ案内する。仕事場の独特な緊張感や研がれた刀身の美しさに、大介はひきつけられるが、鏑木は自身がかつて、「この刀を持てば、自分の心ひとつですぐに誰かを殺せてしまう」とわかって、日本刀の研ぎ師になることをやめた経緯を語る。美しくて強い武器を持っていいのは、「本当はそんなものなんて必要がないほど自分自身が強い人なんだ」と大介の弱さを真っ向から指摘するのだった。北海の本当の姿を知りたくなった大介に、老人は終戦でも終わらなかった自分と池田との体験を語っていく。関門海峡を歩きながら北海が戦争を語る章以降が、圧巻である。

子どもの成長を支えるには、彼らの疑問や不安と正面から向き合おうとするおとなの存在が必要だと、ずっしりと伝わってくる、感動的な作品だった。

(石井郁子)

マンガ・物語

夕凪の街 桜の国

こうの史代
双葉社　2004年　103p
小学校中学年〜

キーワード　広島　トラウマ　平和　偏見・差別

ヒロシマの記憶を今に受け継ぐ

被爆60年目の2005年、原爆をテーマにした本書が書店に平積みになっていた。2004年秋に文化庁メディア芸術祭漫画部門大賞、2005年5月に手塚治虫文化賞新生賞を受賞。100ページあまりの淡い色彩の表紙は重いテーマのマンガだとは感じさせない。でも、さっさと読めない。考え込んでしまう。「広島のある日本のあるこの世界を／愛するすべての人へ」と扉にある。開くたびに、このことばの意味を考える。

「夕凪の街」は昭和30年（この物語には西暦より元号が似合う）の広島。原爆で家を失った人たちが住む集落で母と暮らしている会社員の皆実（みなみ）は、生き残ったことへの自責の念にかられながら生きている。同僚の男性の好意に応えたとたん、フラッシュバックが起こる。「幸せだと思うたび／美しいと思うたび／愛しかった都市のすべてを／人のすべてを思いだし／すべて失った日に引きずり戻される」。水を求め、助けを求める何人もの人を見殺しにしたという思い。死体をまたいで歩き、踏んづけては灼（や）けた皮膚がむけて滑ったという記憶。銭湯の女湯では湯気のなかにケロイドの裸体が並んで談笑している。10年後の人々の姿のなかに描かれた原爆が奪ったもの、残したものが突き刺さる。ある日突然、原爆症に襲われた皆実は、「原爆を落とした人はわたしを見て『やった！また一人殺せた』とちゃんと思うてくれとる？」と消えゆく意識のなかで思う。

皆実は死んでも物語は終わらない。昭和62年の東京「桜の国（一）」、平成16年の「桜の国（二）」へと続く。皆実の母と弟の旭(あさひ)、そして旭の子どもたちが東京でヒロシマを背負って生きている。勉強が苦手なことも、ぜんそくも病死もすべて原爆のせいではないかと決めつけられるなどの被爆者への偏見や、結婚差別が子や孫の世代に残されていることが描かれる。

作者のこうの史代は、広島出身とはいえ親戚に被爆者がいるわけでもなく、むしろヒロシマを避けてきたという。こうのはこのマンガを書くために話を聴き、史料を調べた。そうして生み出された「桜の国」は、原爆を知らない世代がどのようにヒロシマを知ることが可能かを示してくれて、読み終えた後に希望を感じることができる。

2005年5月2日からNPT（核不拡散条約）再検討会議が開催され、ニューヨーク国連本部のロビーで初めて原爆の写真展が行われた。被爆者から直接話を聴いて「初めて知った。話してくれてありがとう。今まで知らなかったこと、ごめんなさい」と涙して語る外国人女性の姿がテレビニュースで流された。従軍慰安婦の史実を知ったとき「知らなかった、ごめんなさい」と胸が苦しくなったことを思い出す。

町村信孝外務大臣（当時）は、「核廃絶を世界に訴えてほしい」という被爆者の声に背を向けたまま「はい、はい」と返事をして5分で写真展を立ち去ったと報じられた。戦争で、原爆で、死んだ者の無念を抱えて生きているという感覚をこのマンガで味わった直後でなかったら、この報道記事を怒りも感じずに読み飛ばしていたかもしれない。

（片岡洋子）

追記

『夕凪の街 桜の国』は、2007年に佐々部清監督、田中麗奈、麻生久美子らの出演で実写版で映画化された。

こうの史代『この世界の片隅に』上・中・下（アクションコミックス、2008〜9年）は、2016年に片渕須直監督・脚本でアニメ映画化され大ヒットした。

2019年12月、映画「この世界の（さらにいくつもの）片隅に」も公開された。

ノンフィクション

子どもたちに伝えたい―

原発が許されない理由

小出裕章
東邦出版　2011年　132p
小学校中学年〜

キーワード　原発事故　放射能汚染　被曝

3・11でおとなもようやく知った

福島第一原子力発電所の事故から10日後の2011年3月21日、祝島(いわいしま)の人々を中心に、30年にわたって原発建設を許さずにきた山口県上関で「隠される原発」と題して、京都大学原子炉実験所助教の小出裕章氏の講演があった。福島原発事故の前から予定されていた講演会場は、原発事故の真実を知りたい聴衆で満席になった。約2時間の講演はユーチューブで広まった。原発のしくみ、人間がコントロールできない放射能の危険性について、具体的なデータを示しながらのわかりやすい語り口は、市民とともに原発差し止め訴訟などに関わってきた科学者ならではのものだった。

この人の話を聞きたい。そんな声に応えて、毎日放送ラジオ「種まきジャーナル」でのコメント音声、全国各地での講演画像を、文字起こしと合わせてウェブサイト「小出裕章（京大助教）非公式まとめ」に即座にアップしている支持者がいる。さらに『放射能汚染の真実』(筑摩書房新社)などの復刻書をはじめ、3・11後の講演をベースにした『原発のウソ』(扶桑社新書)、『原発はいらない』(幻冬舎新書)など続々と刊行される著作は、脱原発社会への理論的根拠を示してくれた。長く将来にわたって放射能汚染の現実を生きていくのは子どもたちだ。そのもっとも守るべき子どもたちに向けて、福島の事故で何が起こったのかを子どもにもわかるようにていねいに説いたのが本書だ。

原子力発電は、ヒロシマ・ナガサキに落とされた原子力爆弾の開発の「平和利用」だとされるが、もともと原爆と原発は同じ危険性をもっていること。原発ひとつだけでヒロシマの原爆の1000倍の放射性物質を毎年生み出していること。石油など化石燃料の枯渇というウソが原発推進の理由に使われてきたが、ウランの埋蔵量は石油より少ないこと。放射性物質が危険だからこそ、都市部ではなく過疎地に原発が建てられること。そして何よりも子どもたちが知りたいであろう放射能の人体への影響のメカニズムや年齢が低いほど放射能への感受性が高いこと。原発を許してきたおとな、特に放射能への感受性が弱くなる50代以上のおとなは、第1次産業を守るためにも放射能で汚染された農産物や魚介類を食べなければならないが、小さな子どもほど汚染された空気や水、食べ物による内部被曝から守られなければならないこと。それらを豊富な図表とともに解説している。

帯には「小学4年生から読めます」とあるが、ひとりで読んで理解できる子どもは多くはないだろう。「子どもたちに伝えたい」おとなにこそ必要なテキストだ。「安全神話」を振りまき原発を推進してきた「原子力ムラ」の研究者とたたかい、いつか重大な事故が起こることを警告し続けてきた小出氏だが、それでも福島の事故を防げなかったことを聴衆や読者に必ずわびる。それを聞くたびに私は自分の無知を反省させられる。「起きてしまった過去は変えられないが、未来は変えられる」と小出氏は言う。未来を変えるおとなでありたいし、福島の事故を忘れないように、子どもたちに伝えて、未来を変えるおとなに育てたい。

（片岡洋子）

物語

石を抱くエイリアン

濱野京子

偕成社　2014年　190p
中学生〜

キーワード　東日本大震災　原発　クラスの班活動

夢を描けない中学生と原発

市子（いちこ）は、現在の中学生活や将来に希望や夢をもっていない。部活もすぐにやめ、今は帰宅部。しかし、それなりの行動力はある。祖母が聞いていたラジオからかつて流行した「希望」という曲が流れると、「余の辞書に『希望』という言葉はない！」と言って、家にある辞書の「希望」のページをすべて切り取ってしまったりするのだ。クラスの中で誕生日がもっとも早く、「姉さん」と呼ばれ慕われてもいる。

クラス内の彼女と同じ班の6名の1年間が描かれるのだが、何といっても偉生（よしお）の存在がおもしろい。いつも寝ぐせのついた髪のまま登校し、将来の希望は「日本一の鉱物学者」になることという一風変わった生徒だ。何しろほかの男子班員の夢は「公務員」と「正社員」である。偉生はまわりからシカトされることが多かったのだが、「姉さん」と普通に会話できたことがきっかけで、班の活動にも積極的になっていく。そして彼の発案で、中学生最後の文化祭に、クラスとして「原発」についての展示発表をすることになる。

実質的に6名の班員のみで担うこの「原発」展示の準備過程が、作品の中心である。偉生はチェルノブイリの事故のことを詳しく知っているし、放射性廃棄物の処分問題なども、わかりやすく説明できる。

一方で、叔父が東海村で働いている沙耶（さや）は、「日本の原発の安全性」を叔父からの受け売りで説く。ほかのクラスからは、「受験生なのに、余裕だね」と冷やかされながらも、原発の賛否については強引に結論づけることをしない形で、展示は完成する。取り組みの中で、それまでどこかまわりから浮いていた偉生の存在感は増し、班の中にも一体感が生まれてくる。

班員たちは1995年生まれである。阪神淡路大震災や地下鉄サリン事件という、日々の生活の安全が脅かされる年に生まれた彼らは、中学卒業直後に東日本大震災に遭遇する。北茨城に住む彼らは少なからぬ影響を受け、そこからもう一度進み始めなければならないのだった。

おそらく30年前ならば、困難を乗り越えて一つのイベントにクラス全員で取り組む姿が描かれただろう。そういうことを読者も求めていた。今は、受験を前にした文化祭に、直接入試に関係のないものなどとは関わりたくないという生徒たちの本音が通り、それでも「やろう」とする者たちの足は引っ張らないということが、教室の中で確認されるのだ。この作品の中に、生徒たちの背中を押す担任の発言がほとんど出てこないのは、なかなか象徴的だ。

中学生のみならず夢をもちきれない今の時代に、「将来の希望など明確に描けていなくても、日々を前向きに進んでいくことはできる」というメッセージを、私は受け取ることができた。題名に一瞬首をかしげたが、全体のトーンは明るく、読後にはせつなさとさわやかさが同時に押し寄せてきた。

（石井郁子）

写真・ノンフィクション

シリーズ核汚染の地球1

楽園に降った死の灰

マーシャル諸島共和国

森住 卓

新日本出版社　2009年　32p

小学校中学年〜

キーワード　核汚染　水爆実験　マーシャル諸島

1枚の写真から広がる地球の真実

すぐれた写真に、ことばによる解説は無用だ。一瞬をとらえた画像に説得力や迫力がある作品を、私はいくつも見たことがある。一方で、文字による説明とともに見ることで、1枚の写真から伝わるものを深めることもできる。シリーズ「核汚染の地球」を読み、そんなことを感じた。

シリーズ1冊目『楽園に降った死の灰』では、マーシャル諸島共和国の今が語られる。第1ページは、まるで作り物かと思われるほど美しく色分けされた、島を取り囲むエメラルドグリーンと濃藍（のうらん）の海の航空写真から始まる。おばあさんとともに荷物を載せたリヤカーを押す女性。ヤシの実を抱える子ども。小さなカヌーで釣りからもどってきた男性のきょうの土産は1メートル弱のマグロだ。これらは、どこの南の島でも見られる光景のように思える。しかし実際にはそこは、戦前は日本の領土であり、戦後はアメリカの核実験場となっていた場所である。

ところで私は、高校3年生の授業で、教科書に載っている山之口貘の「鮪に鰯」という詩を鑑賞したことがある。貧しい生活のなかで、女房が「鮪の刺身を食いたくなった」と「人間みたいなことを」言う。ぼくは「死んでもよければ勝手に食え」と「腹だちまぎれに言ったのだ」と続く。地球規模の問題が、日常の生活の視点で独特のユーモラスな感覚を交えて歌われている詩なのだが、この詩のなかの「ビキニの灰」ということばに、教科書では注がついている。この写真集を手に入れた私は、授業で生徒たちに見せてみた。

大きく口を開けている少年の顔面アップの写真。前のほうの席の生徒がすぐに気づく、「口の中が割れている！」と。島の人たちが次々とがんになって死んでゆき、この子の場合は口の中が裂けている口蓋裂（こうがいれつ）という障がいがあって、心臓も悪く激しい運動ができないという解説文を私が読む。1954年にビキニ環礁で行われた水爆実験「ブラボー」は、広島に落とされた原爆の1000倍の威力をもっていたこと、実験の日に風下の島にたくさんの「死の灰」が運ばれたこと、実際にはそこに人が住んでいることを知りながら、放射能が人間に与える影響を調べるため生きた人間を実験に使ったプロジェクトであったこと。そしてこのときに、日本のマグロはえ縄漁船第五福竜丸が大量の放射能を浴び、乗組員の1人が死亡する事件が起きたこと。生徒たちは、詩のつくられた時代に南の島から運ばれた「鮪」がどういうものであったのか、今なお残る核実験による汚染の実態を、アッという間に理解していくのだった。魚を生で食べる習慣のあるこの島の少女が、大きな切り身にかぶりついているかわいらしい1枚がある。詩の鑑賞の後では、この写真にドキッとしてしまったのは、私だけではなかった。

シリーズ2冊目は、湾岸戦争とイラク戦争でアメリカが使用した劣化ウラン弾による影響の残るイラクの『ムスタファの村』、3冊目は40年間に400回もの核実験が行われたカザフスタン共和国の『六本足の子牛』である。

（石井郁子）

シリーズ
核汚染の地球 全3巻

1 **楽園に降った死の灰** マーシャル諸島共和国
2 **ムスタファの村** イラク共和国
3 **六本足の子牛** カザフスタン共和国

ノンフィクション

オシムからの旅

よりみちパン！セ

木村元彦（ゆきひこ）
〈初版〉理論社　2010年　204p
イースト・プレス　2011年　版元品切れ
中学生〜

キーワード　ユーゴ紛争　民族問題　サッカー

ユーゴ紛争が問いかける民族とスポーツ

オリンピックやサッカーなどのスポーツ観戦で多くの人々が自国の応援に熱中する。本書は、日本でもなじみ深いユーゴスラビア出身のストイコビッチ選手やオシム監督がユーゴ紛争のなかでどのような困難に直面し、どのように生きてきたかを軸に、民族の問題、民族・政治とサッカーやスポーツとの関係を深く問いかけている。

1990年代を中心に、ユーゴ紛争の経緯とサッカーとの関わりがていねいに説明されている。その経緯は複雑で、私たちにとってわかりやすいものではない。しかし、そのことに意味があると思う。複雑な背景を捨象してわかりやすい構図で単純化するジャーナリズムを批判し、「すべての民族が被害者であり、すべての民族が加害者である」という立場からユーゴ紛争の経緯や事実をていねいに重層的にとらえようとしているからだ。

ユーゴ紛争の過程で、民族の拠（よ）り所となっていたサッカーが共和国や民族の分離・独立に利用され、憎しみがかき立てられた。選手は自分が「何人（なにじん）」であるかという選択を迫られ、次々にユーゴ代表チームから去っていった。ユーゴ代表に入ることが民族への裏切りを意味し、家族に危険が及ぶからだ。ユーゴ代表は国際試合で自国のサポーターから罵倒され、ボスニア紛争を理由とする国連のスポーツ制裁決議によって5年間、国際大会への出場を禁じられた。

ユーゴ連邦人民軍を母体としたチーム「パルチザン」の監督であったオシムは、ユーゴ連邦軍がサラエボを攻撃したことに抗議して監督を辞任した。その後、妻と長女がサラエボに取り残され、オシムは2年半、家族と会えなかった。

ストイコビッチは、Jリーグの試合中、「空爆をやめろ」と書かれたTシャツを着て、国連の承認もないままユーゴ空爆を行ったNATO軍に抗議した。紛争に翻弄され、苦悩や屈辱を抱えたユーゴの選手たちの姿は、民族や政治とサッカーとの関わりを鋭く問いかけている。

「ユーゴスラビアは…文化のモザイク…この土地の人々はいつも混ざり合い、一緒に暮らすことが良いとわかっていたのです。…紛争のあと、人々はまた民族融和のたいせつさを知りえました」と語るオシム。民族主義に徹底的に抗い、サッカーで民族融和を図ろうとしたオシムの生き方とことばは、深い感銘を与える。

第3章では、日本における「民族」の問題、「スポーツ」と「政治」の問題に目を向けている。『オシムからの旅』というタイトルが示すように、ユーゴの民族紛争が提起した問題を「遠い国の問題」に終わらせず、自分の問題として日本の現状を見つめ、問い直していることに共感を覚えた。

「君たちもこれから世界のスポーツを見るときには、その背景にまで思いをめぐらしてみたらどうだろう。そこには、きっと…新しい発見があるに違いないから」

本書からスポーツの見方も教えられた。

（鈴木佐喜子）

受賞

木村元彦はスポーツや民族問題を中心に執筆を続けるジャーナリスト、ノンフィクション作家。『オシムの言葉』（集英社インターナショナル、2005年／増補改訂版文春文庫、2008年）で、2005年度ミズノスポーツライター最優秀賞。『争うは本意ならねど』（集英社インターナショナル、2011年）で2012年サッカー本大賞受賞。

物語

ボグ・チャイルド

シヴォーン・ダウド　千葉茂樹 訳
ゴブリン書房　2011年　480p
中学生～

キーワード　北アイルランド紛争　ハンガー・ストライキ　湿地遺体

北アイルランド紛争のなかの青春

本書は、二つの事実を下敷きにした物語である。

一つは、デンマーク、イギリス、アイルランドなど、ヨーロッパ北部の泥炭湿地で発見された遺体。泥炭の防腐作用で生き生きとした状態で発見された遺体は、湿地遺体（ボグ・ピープル）と呼ばれる。鉄器時代に行われた宗教的儀式、生けにえ、犯罪者の処刑などの説があるが、いまだ多くの謎が残されているという。もう一つは、北アイルランド紛争、なかでも１９８１年、アイルランド共和軍（ＩＲＡ）の暫定派（プロヴォ）とアイルランド民族解放軍（ＩＮＬＡ）の受刑者が政治犯ではなく犯罪者として扱われることに抗議して行ったハンガー・ストライキである（著者の覚書）。10名が死亡したハンガー・ストライキに支援のデモが広がり、下院議員ボビー・サンズの葬儀には10万人が参列したという。あまり知られていないこれらの事実への関心が触発された。

物語の舞台は、１９８１年の北アイルランド。ファーガスは、両親、兄、双子の妹と国境近くの村に暮らす高校生である。大学の医学部をめざして勉強中だ。ファーガスはタリー叔父と泥炭の盗掘に出かけ、少女の遺体、ボグ・チャイルドを発見する。鉄器時代の古代人で殺されたらしい。この少女は何者で、なぜ殺されたのか？　発見者としてメルと名付けた少女の遺体にファーガスは強い関心を抱く。

こうした折、ＩＲＡ暫定派の一員であり、現在服役中であるファーガスの兄ジョー

受賞

原書は、2009年、カーネギー賞（イギリス）及びビスト最優秀児童図書賞（アイルランド）

が、受刑者に対する扱いに抗議して仲間とともにハンガー・ストライキを始めたという知らせが届く。ジョーは刻々と死に近づいていく。ジョーはどうなるのか？　ファーガスはどう向き合い、関わっていくのか？

　ボグ・チャイルドの謎と兄のハンガー・ストライキの行方を軸に、多様な物語が展開される。ボグ・チャイルドの調査にやってきた考古学者フェリシティの娘コーラに抱く淡い恋心。ハンガー・ストライキを始めた兄たちを助けることになると言われ、依頼された包みの運搬と回収。包みの中身はテロの爆弾の材料ではないのか？　医学部進学がかかった大学入学資格試験はどうなるのか？　数々の出来事や困難に直面するファーガスの物語に引き込まれる。

「命がひとつ失われるたびに、平和はどんどん遠ざかってしまいます。葬儀が一度ふえるたびに、憎しみは深まります。どうぞ、ぼくたちをこの暴力から、絶望から救ってください」。サッチャー首相に宛てて書こうとした手紙からファーガスの心情が伝わってくる。ランニング中に知り合った兵士オーウェインとの交流がファーガスの思いをいっそう、際立たせる。「敵側」の兵士もまた、炭鉱か軍隊かという究極の選択をしてこの地に配属され、隠れてトロンボーンの練習をするごく普通の若者だったからだ。

　北アイルランド問題という重いテーマを題材としながら読後感がさわやかなのは、ファーガスが現実との向き合い方を模索し、命や平和の大切さと自由を求めて懸命に未来を切り開こうとしているからだろう。

（鈴木佐喜子）

物語

希望の海へ

マイケル・モーパーゴ 作　佐藤見果夢 訳
評論社　2014年　320p
中学生〜

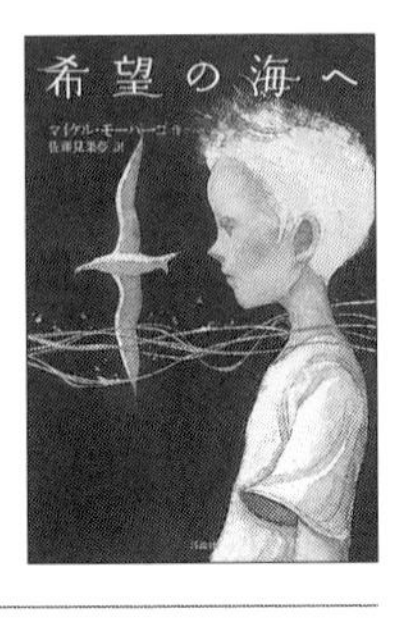

キーワード　児童移民　オーストラリア　親子二代の物語

イギリスからオーストラリアに送られた児童移民

「ぼく」は、両親のことも出生地も誕生日も知らない。わかるのはロンドンで1940年頃生まれたらしいということだけ。キティという名の姉さんがいたのは覚えているが、記憶なのか想像なのか区別がつかなくなることがある。第1部は、イギリスからオーストラリアに送られた孤児、アーサー・ホブハウスの物語である。

最初の記憶は、6歳頃。「ぼく」は、姉キティがくれた鍵を握りしめ、たったひとり、どこかもわからぬ遠方の土地、オーストラリア行きの船に乗せられた。激しい船酔いや同室の子どもたちからのいじめに苦しむ「ぼく」を助けてくれたのはマーティ。以後、マーティは実の兄のような存在となる。

マーティといっしょに送られたクーパーズ牧場での生活は「地獄」だった。囚人のように鍵つきの寮に入れられ、奴隷のように働かされた。家畜のエサやり、ふん掃除、搾乳、水くみ、牧場を広げるための木の根の掘り起こし。働かないと食事がもらえず、ムチで打たれ、1時間の自由時間を取り上げられる。子どもたちは疲れ切って体中の骨が痛くとも必死で働いたが、牧場主「ブタ・ベーコン」は理由を見つけては子どもたちをいたぶり、ムチ打った。

牧場からの逃亡、野生動物を保護するメグズおばさんの農場での生活、シドニーの造船所での船造り、不況による失業、ギャンブルや飲酒に溺れる日々、ベトナム戦争従軍、妻ジータとの出会い…。アーサーの波乱の人生が綴られていく。

第2部では、アーサーの姉キティを見つけ出すために、娘アリーが父の作ったヨット、キティ4号でイギリスへ向かう航海の日々が描かれる。

幼くして家族や故郷から切り離され、過酷な人生を生き抜いたアーサーの物語が印象に残る。特に牧場での労働や虐待をリアルに描き出した場面は圧巻である。本書は、第2次大戦後、イギリスからオーストラリアへ送られた「児童移民」の実話がもとになっている。訳者あとがきによれば、「白人」労働者を増やしたいオーストラリア、戦災孤児や生活困窮から孤児院に預けられる子どもの増加に対処を迫られたイギリス、両者の問題を解決する方法として児童移民政策が推進された。児童移民は長いあいだ、埋もれたままだったが、イギリスのソーシャル・ワーカー、マーガレット・ハンフリーズによって、児童移民の実態が掘り起こされた。その数は推定7000人から1万1000人、身寄りのない正真正銘の孤児はひと握りに過ぎなかったという。2009年オーストラリアの首相が、2010年イギリスの首相が、児童移民について公式に謝罪した。

原書は2006年に刊行されており、いち早く児童移民を取り上げたことがわかる。訳者あとがきを含め、児童移民への関心を触発された。

関連作品として、児童移民を掘り起こしたハンフリーズの著書『からのゆりかご――大英帝国の迷い子たち』（近代文藝社、2012年）、ハンフリーズの原書をもとに製作された ジム・ローチ監督の映画「オレンジと太陽」（2011年）がある。

（鈴木佐喜子）

追記

モーパーゴには、絵本『モーツァルトはおことわり』（岩崎書店）など、多数の作品があり、『戦火の馬』（評論社）はスピルバーグによって映画化された。

物語

ロジーナのあした

孤児列車に乗って

カレン・クシュマン 作　野沢佳織 訳
徳間書店　2009年　265p
小学校高学年〜

キーワード　孤児列車　アメリカ　19世紀末

アメリカ西部に送られた孤児たちの旅

この物語を読み、孤児列車の存在を知った。

作者あとがきによれば、アメリカでは1850年から1929年まで、都会の恵まれない子どもたちが25万人近くも列車で西部に送り込まれたという。浮浪児や孤児は西部の農家に引き取られて快適に暮らし、西部ならではの限りない可能性を与えられる、という考えのもとに。

1881年、引率の孤児援助協会のシュプロットさんと「女先生」、22人の孤児がシカゴから列車に乗り、西部に向かう。両親を相次いで失い孤児になった12歳のポーランド移民の少女ロジーナの目を通して、孤児列車の旅でのさまざまな出来事が描かれる。

「きれいな家に住める」「靴をもらったから」と列車に乗った子もいれば、「奴隷にされる」「シカゴに戻りたい」と思っている子もいる。車内には幼い子の泣き声や子どもたちのけんそうが響く。干からびたリンゴとジャムサンドの食事や着たきりの服。家族を失った悲しみ、心細さとこの先どうなるかという不安。

町で開催される「孤児選び」では、子どもたちは役に立つか、体や人種に問題はないか品定めされる。子どもを欲しがっている人もいるが、多くの人はただで働く召使いや働き手を求めているのだ。

こうしたなかでも子どもたちは遊びや笑い、楽しさを求める。男の子たちは、誰の足

参考

クリスティナ・ベイカー・クライン著『孤児列車』(田栗美奈子訳、作品社、2015年)は、2013年の原書出版以来、全米で100万部、全世界で150万部以上売り上げ、注目を集めた作品である。孤児列車に乗った当事者やその子孫へのインタビューなど、綿密な調査を踏まえて書かれており、付録「孤児列車小史」も参考になる。

が一番汚いかで桃の種やおはじきを賭け、靴下をほどいた糸をリンゴに巻き付けたボールで野球をする。だじゃれを連発するひょうきん者のミッキー・ドゥーリー、「とろい」が愛らしいレイシーや町のならず者〈ナイフのハーミー〉。一人ひとりの子どもの個性あふれる姿がそれぞれの運命をいっそう際立たせる。

大草原の洞穴で暮らす家族の壮絶なまでの貧困。手紙で注文されてお嫁に行く女の人。車内に入ることを許されず寒い連結部に立つ先住民。列車のネズミ退治に飼われている猫。駅の壁に貼られた指名手配のポスター、花嫁募集や占い師の広告。挿入される描写から当時の状況が垣間見えて興味深い。

過酷な状況で、知恵を働かせて困難を切り抜け、懸命に人生を切り開こうとするロジーナ。冷淡で自分のことしか考えていないように見えた「女先生」も、苦労して医者になったのに雇ってくれるところがなく、家族に理解されない孤独と苦しみを抱えていた。ロジーナと「女先生」が思いを重ね合わせて新しい一歩を踏み出すラストがすがすがしい。

ロジーナは「家族」を意味するポーランド語。この物語に託した作者の思いが伝わってくる。「召使いじゃなくて娘をほしがっている、親切な家族と暮らしたい」「安心して、ちょっと楽しく暮らせる場所」「食べ物のたっぷりあるおうち」「ぶたれない家」がいい。ロジーナが求める家族への思いは、今の子どもたちの思いにも通じるのではないかと思った。

(鈴木佐喜子)

物語

ジャック・デロシュの日記
隠されたホロコースト

ジャン・モラ 作　横川晶子 訳
岩崎書店　2007年　304p
中学生～

キーワード　ナチス　強制収容所　戦争責任

祖父母の秘密とホロコースト

もうすぐ18歳になるエマは、摂食障害。吐くために食べるお菓子をスーパーで万引きして捕まった。医師の父は迎えに来ても何も尋ねようとしない。母親も関係ないおしゃべりを続けるばかりだ。

そんな両親に不満をもつエマが「手本」としてきたのは、教養豊かな祖父母だった。ドイツ軍に強制的に農場で働かされていたポールが、同じ農場に送り込まれたポーランド女性アンナと恋に落ち、ドイツ崩壊直前に2人は脱走、しかし終戦後一度は引き離されるなどの苦難を超えてきた。そんな小説のような祖父母の人生を、エマは誇りに思ってきた。ところが、戦争犠牲者だと思っていた祖父母の過去に疑念を抱くようになる。病に伏した祖母の寝言を聞いたからだ。

「ジャック、わたしを連れ出して！　お願いだからソビブルからどこか遠くへ連れて行って！」　ジャックとは誰なのか？　ソビブルとはどこなのか？　これらの謎が、隠されたホロコーストを舞台に生きた祖父母の真実とともに解き明かされていく。

序で、ナチスに捕らえられ列車で収容所に到着したところで母親から引き離されるのを嫌がった幼い男の子が射殺され、続いて母親も撃たれる場面が、まるでエマの回想のように語られる。いったいこれが何なのか、読者は祖母の遺品の日記の中盤でその意味を了解するまで悶々（もんもん）としなければならない。

親ナチ反共のフランス義勇軍に志願したジャック・デロシュは、ポーランドのソビブルに赴任し、一度に600人ものユダヤ人をガス室で「処理する」。ジャックは「ユダヤ人という有害な人種を排除する必要性」を確信し、殺したユダヤ人の統計を取っている。しかしめったに処刑の場には立ち会わない。それは「根拠のない残忍な暴力の場面を見て楽しむ趣味がないからだ」と言い、ユダヤ人従業員のミスを理由に射殺する同僚を軽蔑（けいべつ）する。「ぼくは、いっさいの責任を負っていない。命令に従って自分の役割を果たしているだけだ。それ以上のなにものでもない。ぼくは自分を殺人者だとは思っていなかった」。ジャックはアドルフ・アイヒマンを彷彿（ほうふつ）とさせるが、この作品にはヨーロッパ各地のユダヤ人をポーランドの収容所へと移送する任務の最高責任者であったアイヒマンも登場する。あとがきによれば作者は、映画「ショア」で収容所を壊して植樹し痕跡を消されたソビブルを知り、この作品を構想したそうだ。影響を受けた人物のなかには『エルサレムのアイヒマン』でも知られるH・アーレントの名がある。

逃亡していたアイヒマンは捕まって1961年に裁かれた。しかしソビブルの痕跡に罪を葬って生きている人物がいるのではないか。作者は摂食障害という現代の病に苦しむ少女エマに、古い日記を読み解かせ、死んだはずのジャックの正体をあばかせる。

自らも不名誉を引き受ける覚悟で、日記を公にし、罪を背負うべきだとジャックだった人物に迫るエマの厳しさは、戦争犯罪をうやむやにしようとする日本社会にも向けられていると感じて痛かった。

（片岡洋子）

追記

映画「ショア（Shoah）」（クロード・ランズマン監督）は、1985年のフランス映画。日本での公開は1995年。上映時間は9時間30分。製作には1974年から11年の歳月を費やした。DVDもある。

ハンナ・アーレント『新版エルサレムのアイヒマン——悪の陳腐さについての報告』訳・大久保和、みすず書房、2017年

物語

そこに僕らは居合わせた

語り伝える、ナチス・ドイツ下の記憶

グードルン・パウゼヴァング
高田ゆみ子 訳
みすず書房　2012年　239p
中学生～

キーワード　第2次世界大戦下のドイツ　ナチス　加害の痛み

人々の日常にあった負の遺産を忘れない

児童文学者でもあるG・パウゼヴァングは、ナチス支配の時代が終わったとき、17歳、国家社会主義イデオロギーを叩(たた)き込まれた軍国少女であった。

本書は、ユダヤ人に対する差別や憎しみだけを肥大化させ、強制収容所がどのような場所であるかも、突然連れて行かれたユダヤ人にどのような運命が待っていたかも知らされることのない、ナチスの支配下で、そこに居合わせた普通のドイツ人や子どもたちの日常を描いた短編集である。20篇の作品には、戦後事実を知らされた人々が、今も抱え込まなければならなかったトゲのような暗い痛みが赤裸々にさらされている。

ユダヤ人一家が連行された後に、近所の人々が火事場泥棒さながらに家財道具や衣類を略奪し、ユダヤ人家族が用意していたまだ温かいスープにありつくという冒頭の一話。（「スープはまだ温かかった」）。ユダヤ人一家がその後どうなるのかなど一切無関心であった（無関心にされていった）時代の狂気が衝撃的である。物語は、作者が見聞きし、体験した実話にもとづいているということだが、私は、物語のいくつかの聞き手が孫世代であることにひかれた。この距離感に、「時代の証人」として「恥ずべき行為が忘れ去られないよう」にと、書かずにはいられなかった著者の決意が強く迫ってくる。

たとえば「スカーフ」（第9話）。フランツィは、12歳。ウッファおばあさんは82歳。ウッファはとても元気で、薬草についても村の歴史や言い伝えにもすばらしい記憶力を

もっていた。2人はとても仲よし。ある日、フランツィは、学校でナチス時代を学び、この村にもナチス時代の12年間があり、その時代のことを、ぜひ、お年寄りから聞き出すという課題を与えられる。ウッファなら大丈夫、きっと教えてくれる。しかし、その期待はみごとに裏切られる。「ナチス時代」と言ったとたんに、優しかったウッファの表情は一変し、かたくなに口を閉ざす。「隠していることがある」と感じたフランツィは、容赦なく詰問する。その結果、長年胸の奥に押さえつけていたウッファの秘密が、激しい痛みと悲しみをもってさらされる。ウッファの驚くほどの激しい泣き方は、だまされ、欺(あざむ)かれ、自分の頭で考えることができなかった作者の痛切な猛省と重ね合わされる。

3歳で敗戦を迎えた私は、艦砲射撃でまっ赤に燃えていた空など、断片的な記憶しか残っていない。しかし、戦後の荒涼とした焼け跡のありようは今も強烈だ。ほんの少しではあっても、戦争という時代に自分の人生が重なっているという事実は、その後の私の人生の「大切な足がかり」となった。

戦後の急速な復興の過程で、日本はドイツ以上に戦争の記憶を喪失させてきた。原爆の被爆の体験はかろうじて知っていても、中国や朝鮮半島で行われた加害の事実は、ほとんど失われようとしている。普通の人々が、プロパガンダに踊らされ、思考する力を喪失させて加害の側に立たされてしまう物語は、なぜ日本の文学に生み出されにくいのだろうか…。戦争の加害国であり、自分もその責任から逃げられないのだと意識化してきた私にとって、本書は重い課題を突きつけてきた。

（川上蓉子）

絵本

彼の手は語りつぐ

パトリシア・ポラッコ 絵・文
千葉茂樹 訳
あすなろ書房　2001年　48p
小学校高学年〜

キーワード　アメリカ南北戦争・黒人差別・友情

南北戦争を語りつぐ黒人と白人の友情

アメリカは民主主義革命を経て誕生した初めての国家である。1789年、人間の権利と自由を高らかにうたいあげた「独立宣言」は、しかし、当時労働力として大量に送り込まれてきたアフリカ系黒人には何の意味ももたなかった。彼らは、奴隷という「物」でしかなかったから。彼らもまた同じ人間であるという思想の熟成は、1861年、奴隷制の是非をかけて始まった南北戦争まで待たなくてはならなかった。これは、南北戦争のまっただ中で、北軍の兵士としてともに戦った白人少年シェルダンと、黒人少年ピンクスとの出会いと別れの物語である。

北部オハイオ州から15歳で従軍し、南部ジョージア州で戦っていたシェルダン（ぼく）は、戦うことが怖くなって部隊から脱走した。が、足を撃たれて重傷を負い、血と泥にまみれたまま意識を失いかけていた。そのぼくを助けてくれたのは、同じ歳ぐらいの黒人兵士ピンクスだった。彼は、南部からの逃亡奴隷たちを中心にして組織された部隊の一員で、部隊からはぐれていたのだ。彼は一家がかつて奴隷として所有されていた屋敷にぼくを担ぎ込む。廃墟（はいきょ）になった屋敷には、ピンクスの母、モー・モー・ベイがたったひとりで住んでいた。ピンクスが必ず帰ることを信じて。ベイの温かな看護と一刻の平安がぼくを回復させた。奴隷だったピンクスは、仕事のために字を教えられ、この戦争で戦う意味を自覚していた。文字を知らないぼくは、リンカーンと握手したことが自慢だった。

ぼくたちが元の部隊にもどろうとしたその日、南軍が家を襲いベイは自らの身体を盾にして殺される。僕たちも南軍の捕虜になってしまう。捕虜収容所で引き離されるとき、ピンクスは手を伸ばして言う「おれの手を握ってくれ」と。しっかりと握り合うぼくたちの手と、引き離そうとする3本の手が絡み合う表紙の絵は、強いインパクトがある。

この数時間後に、ピンクスは縛り首にされる。かろうじて生還したシェルダンは、この物語を家族に語り、代々の子どもたちが大切に語り継いだのである。ピンクス親子に助けられた今ある命の重みを。奴隷であっても、自立した精神をもち、豊かな人間性にあふれていたピンクス親子のことを。語り継ぐべき子孫をもつことのできなかった彼らのために。

さて、この物語は、語り継いできたシェルダン家の5代目の子孫、パトリシアが、絵本として形にした。絵は大胆な構図と、水彩による柔らかな色彩。デッサン力に裏打ちされた人物の豊かな表情に、作者の熱い思いが息づいている。それにしても、ピンクスのような無数のつらい物語を内包させながら、多民族国家として成長してきたのがアメリカである。アメリカが民主主義と自由、寛容の象徴として存在する一方、ひとり勝ちしてきた豊かさが「9・11」以後にみられるような野蛮で傲慢な思想をむき出しにしてもいる。異常が日常化するような現在、命の重みはすべての人間にとって平等なのだという、あたりまえのことを語り継ぐことの大切さを改めて考えてみたい。　（川上蓉子）

5

知らなかったけど…知りたい世界

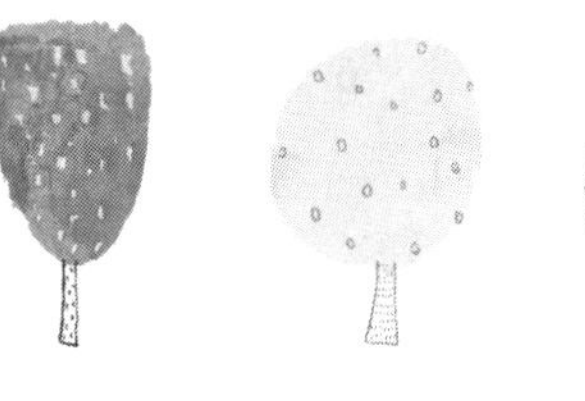

ただ自分が知らないだけなのに、

「ふつうじゃない」とか、

「ありえないでしょ」と思ってしまうことがある。

でも、自分が知らなかった人々やものごと、自然の奥深さを知ると、

まだまだ知らないことがあることがわかって、

もっともっと知りたくなる。

今すぐ何かできるというわけではないけれど、

想像をふくらますだけで、自分の世界が広がっていく。

物語

ジョージと秘密のメリッサ

アレックス・ジーノ　島村浩子 訳
偕成社　2016年　222p
小学校中学年～

キーワード　トランスジェンダー　性の多様性　友情

性別違和のある子どもたちへ

ジョージは小学4年生。低学年に見せる劇「シャーロットのおくりもの」のオーディションに向けてセリフの練習に励んでいる。ジョージがやりたい役は主人公のねずみのシャーロットだが、それは女の子がやると決まっている。同じくシャーロット役をめざしている友だちのケリーは、男の子のジョージが女の子のシャーロットを演じるのは「いい思いつきだ」と賛成し、「おしばいって、要は、ふりをするってことじゃん」と言う。ジョージが女の子の役を演じるのは「ふりをする」というのとは違う。むしろジョージは自分を女の子だと思っているのに、いつも男の子のふりをして生きている。シャーロットを演じているときのほうが、自分らしくいられるのだ。

ジョージには秘密のコレクションがある。図書館のリサイクルボックスから集めた女の子向けのファッション雑誌だ。誰もいないとき、クローゼットから出してページをめくり、お化粧をして女の子の服を着ている自分を思い浮かべ「メリッサ」と名づける。

ジョージはオーディションでシャーロットを演じた。先生はジョージが女の子の役を演じることを認めてくれなかったが、ジョージはどうしてもシャーロットをやりたかった。シャーロットを演じている姿を母親に見てもらえば、本当は女の子だと母親にわかってもらえると思うからだ。でもその本当の理由はケリーにも言えないでいた。

ジョージがまるで女のようだといつもからかってくるジェフとケンカをして校長室に

呼ばれたとき、壁のポスターに目がとまった。〈ゲイ、レズビアン、バイセクシュアル、トランスジェンダーの若者が、安心してすごせる場所を〉と書いてある。でも、トランスジェンダーのジョージにとって、学校は安全な場所ではなかった。

自分は男の子ではないとようやくケリーに打ち明けた。すると、ケリーはインターネットでトランスジェンダーについて調べてきて、「ジョージが自分は女の子だと思うなら、それならあたしも、ジョージは女の子なんだと思う」と言ってくれた。そしてシャーロット役に選ばれたケリーの画策で、ジョージはシャーロットをみごとに演じることができた。

クローゼットの女の子雑誌を見つけた母親には「女装するゲイ」なのかと心配され、「おまえがゲイでもかまわない」という兄に「女の子なんだ」と言うと驚かれた。あからさまな差別の対象とされるにしても、ゲイやレズビアンなど同性愛者の存在が見えていて、長く大統領選挙の争点だった同性婚が全米で合法化されたアメリカでも、トランスジェンダーについての受容と理解は遅れていることを思わせる描写だ。

同性愛よりもトランスジェンダーの子どものほうが周囲との違いに気づく年齢は低い。性別違和のある小学生に「あなたと同じように悩んでいるジョージがここにいるよ」「ケリーのような友だちにきっと出会えるよ」とこの本を届けたい。そして性別違和のない多くの小学生には、あなたもケリーのような理解者になってほしいという願いを込めて、この本を届けたい。

（片岡洋子）

参考

『ぼくがスカートをはく日』（エイミ・ポロンスキー著、西田佳子訳、学研プラス、2018年）も、同テーマの作品。

物語

声の出ないぼくとマリさんの一週間

松本聰美 作　渡邊智子 絵
汐文社　2014年　157p
小学校中学年～

キーワード　トランスジェンダー　差別　友情

マイノリティ（少数者）で生きるということ

4年生の終わり、地図作りをしていたとき、ずっと親友だと思っていた山口くんから、「おまえの声聞くと、頭がキリキリするんだよ。いやなんだよ、おまえのこと」と言われてしまったシンは、声を出すことがつらくなります。5年生になったシンは話すことをやめ、不登校になってしまいます。そんなとき、ママに一週間のアメリカ出張が決まります。パパは、シンの生まれる前、槍（やり）が岳への登山で遭難死しており、ママは広告会社で働きながらシンを育て、仕事のキャリアを積んできたのです。ママはアメリカ出張のあいだ、幼なじみというマリさんにシンのことを頼むことになります。

物語は、東京・三鷹駅での初めてのマリさんとの出会いから、シンの視点で語られていきます。マリさんは大きな体に派手なブラウス、茶色の髪をふわりとさせ、バッチリとしたお化粧で現れます。でも鼻の下にヒゲが見える。「おんな?」「おとこ?」…そんな疑問を抱えたまま、「日の出ハイツ」という6畳一間の狭いアパートでマリさんと一週間、生活することになります。シンにとって初めはとまどうことばかりでした。

部屋をパイプハンガーで区切り、部屋には洗面所もトイレもなく共同でした。「大丈夫、トイレは、私が毎日お掃除してて清潔よ」…マリさんはさらりと言ってのけます。お風呂は近くの松ノ湯という銭湯。銭湯もシンにとっては初めての体験でした。そして、マリさんが、スナック勤めの帰り、松ノ湯の営業時間後、お風呂を使わせてもらう代わりに、銭湯を開ける午前中に銭湯掃除のアルバイトをしていることを知ります。
マリさんが、シンと会って初めてしたことは、シンが気に入ったご飯茶碗（はんちゃわん）を買うことでした。シンは、ママだったら絶対反対されただろう恐竜の絵柄の茶碗を選びます。

マリさんは、言います。

「つらくて、悲しくて何も食べたくないときでもあたし、取りあえずご飯だけは食べるの。お気に入りの茶碗だとそれが出来るわ。山盛りにご飯よそって、ガツガツ食べるの。食べ終わったら、世界がちょっと変わって見えるの。ホントよ」

ママを「テルテル」と呼ぶマリさんは、優等生だったママがいじめられていたマリさんの側にいつもいてくれたことを忘れずに、今も深い友情を育てているのです。けっして他人のことを詮索せず、つらいことがあれば、しっかりご飯を食べ、馬のような優しい大きな目をぱちぱちさせながら、ぱっか、ぱっか、ぱっかと闊歩（かっぽ）するマリさん。貧しいながらも精いっぱい生活しているマリさんの生き方に、シンは、自分自身を見つめ直そうとします。

近年、性的少数者の問題が大きく取り上げられてきてはいますが、社会的理解はまだまだという気がします。マリさんが、今も受けている偏見や、悲しみや悔しさを、私たちはどれだけの思いをもって受けとめているでしょうか。

そんなマイノリティの問題を、小学生にもわかりやすいことばで真正面から取り上げた児童文学に私は拍手です。

（川上蓉子）

知識・ノンフィクション

いろいろな性、いろいろな生きかた　全3巻

監修　渡辺大輔
ポプラ社　2016年　各巻95p
小学校中学年〜

キーワード　性の多様性　LGBT　権利の平等

みんな多様な性を生きている

近年、日本社会でもパートナーシップ制度が自治体で広がり、身体と異なる心の性で生活できる学校や職場が少しずつ増え、性的マイノリティの権利に光が当たってきた。2020年に向けてオリパラ憲章で差別が禁止されていることも後押ししている。

2017年3月末に告示された新学習指導要領には性の多様性の記載は入らなかったが、同年3月16日の文科省通知の「学校における『いじめの防止』『早期発見』『いじめに対する措置』のポイント」には、「性同一性障害や性的指向・性自認に係る児童生徒に対するいじめを防止するため性同一性障害や性的指向・性自認について、教職員への正しい理解の促進や、学校として必要な対応について周知する」と明記された（2016年4月1日に教職員向け資料も発出した）。しかし、教職員が正しく理解するだけでなく、子どもたちの理解がなければ、性的マイノリティへのいじめはなくならない。

性的マイノリティについて知らないことにおいて、教師や親などのおとなと子どものあいだには、幸か不幸か大差がない。カラフルなマンガや写真も多くわかりやすいこの3冊の絵本は、おとなにも子どもにも、性の多様性を知って考えるための格好の手がかりになる。安価ではないので、学校や地域の図書館に入れて一緒に読んでほしい。

第1巻『いろいろな性ってなんだろう?』では、まず「心・体・好きになる」の三つの性から成る樹形図でいろいろな性のグラデーションを示す。それによって性的マイノ

セット

いろいろな性、いろいろな生きかた 全3巻

1 いろいろな性ってなんだろう？
2 だれもが楽しくすごせる学校
3 ありのままでいられる社会

リティとそれ以外の多数者に分けるのではなく、みんながどこかに位置づくことを示している。性的マイノリティのLGBT（レズビアン・ゲイ・バイセクシュアル・トランスジェンダー）などについて説明するだけでなく、性的指向と性自認において、多くの人々は異性愛者でシスジェンダー（心と体の性が一致）なのだと教える。また、ろう者のトランスジェンダー、ドイツ人のレズビアン、トランスジェンダーの親と娘、子育てをしているレズビアンカップルなどが実名と写真で登場し、多様さの複合も見えやすい。

第2巻『だれもが楽しくすごせる学校』では、10人の当事者インタビューから、今の学校でのつらいできごとと合わせて、これからの学校のあり方を考えさせる。

第3巻『ありのままでいられる社会』には、レズビアンやゲイのカップル、トランスジェンダーの人々が、会社員、弁護士、議員などの仕事をしながら日本社会で暮らしていることや、日本国憲法の条文が保障する権利を通して、多様な性の人々がともに生きる社会を展望する。

性的指向（LGB）と性自認（T）のマイノリティの人々が連帯し、自らのアイデンティティをポジティブに表現したLGBTということばが社会的認知に果たした役割は大きい。しかし一橋大学で自死したゲイの学生を「LGBT男子学生」と報じたメディアがあったという（森山至貴『LGBTを読み解く』ちくま新書）。ひとりの人間がLGBTを兼ね備えるはずがない。「LGBT＝オネエ」と一くくりにして誤解している人々も少なくない。それがどう誤っているか、本書を読んで理解してほしい。（片岡洋子）

物語

ペーパーボーイ

ヴィンス・ヴォーター　原田 勝 訳

岩波書店 STAMP BOOKS　2016年　300p
中学生〜

キーワード　吃音　新聞配達　家族　1959年

吃音に苦しむ少年のひと夏の経験を描く

1959年、アメリカのメンフィス。11歳のぼくは、友だちラットの代役として7月いっぱい新聞配達を引き受ける。玄関前に新聞を投げるのはおもしろそうだが、新聞代の集金のことを考えただけで胸が苦しくなる。吃音(きつおん)を抱えた少年が新聞配達でさまざまな人々と出会い成長していく姿が少年の視点から描き出される。

「知恵遅れ」「頭がおかしい」と思われる。当惑して立ち去る人、作り笑いを浮かべる人、どもることで1日に何度も傷つき落ち込む。人の目が気になり人と話すことが怖い。発音しにくい「B」「P」や「N」が入ることばはとっさに他のことばに言い換える。「ssss…(ススス)」と「やさしい息」を出してからことばを言う、鉛筆を宙に投げ上げる、大声で叫ぶなど、うまく話すためにさまざまな方法を試みる。

吃音であるがゆえの苦しみ、工夫や努力の数々に驚かされた。自身が吃音者である著者の子ども時代の経験がもとになっているだけに、吃音が「子ども時代にもっとも残酷な影響を与え、ちょうど世界がひらけて広がりはじめる時期に、その人を孤立させ、周囲を困惑させる存在」(作者覚え書き)となってしまうことがリアルに伝わってくる。

しかし、新聞配達で出会った人々がぼくをひきつけ、もっと話したいという気持ちが芽生える。ひとりはたくさんの本に囲まれて暮らす商船員のスピロさん。ぼくと正面から向き合い、さまざまな問いに答えてくれる。スピロさんとの対話は、もっと知りたい、賢くなりたいという気持ちをかき立て学びの世界へといざなう。

もうひとりは、ワージントンさんの奥さん。ぼくが見たなかで「一番きれいな女の人」で「一番さみしそうな女の人」だ。いつも音を消した画面に顔を近づけてテレビを観ている「テレビ少年」も気になる。どうして文句を言われないのかといらだつが、やがてその理由が明らかになる。

住み込みの黒人メイドのマームは、ぼくのことを理解し支えてくれる大切な存在だ。バスで後ろの座席に座らなければならない、白人の子どもといっしょでないと自由に動物園に入れない、黒人蔑視のひどいことばを投げつけられる。マームに対する扱いに憤る主人公の目を通して、当時の人種差別や黒人が暮らす貧しい地域、闇社会の存在が描き出される。

言いたいことがあっても言えずにくよくよ悩み、どもらず話せるふりをする主人公。人は自分の考えをごまかすためにことばを駆使することも、何も言わなくても心が通じ合うこともある。私たちにとってことばがもつ意味を改めて考えさせられた。

ラストの「大切なのはなにを言うかで、ssss…どう言うかじゃない」「ぼくの魂は、ssss…どもってない」ということばが心に響いた。吃音はつらいことだが恥ずかしいことではない、「人生には吃音以外に大事なことがいくらでもある」という作者のメッセージは、さまざまな劣等感や人間関係に悩む子ども・若者に伝わり、共感を呼ぶのではないだろうか。

（鈴木佐喜子）

追記

本書は、アメリカにおけるもっとも優れた児童文学の著者に与えられる2014年度ニューベリー賞オナーブック受賞。6年後の物語『コピーボーイ』（岩波書店、2020年）が刊行されている。

物語

ぼくの守る星

神田 茜
集英社文庫 2016年 232p
〈初版〉集英社 2014年 196p
中学生〜

キーワード ディスレクシア（読み書き困難） 家族 友だち

ディスレクシア（読み書き困難）を抱えて生きる

「かきたま汁」を「かきまた汁」、「ジャイアントババ」を「ジャイアントパンダ」と言ってしまう。中学生の夏見翔（なつみかける）は、ディスレクシア（読み書き困難）を抱え、クラスで一番勉強ができない。

本書は、翔、翔の母和代、父尚人、クラスメイトの山上強志と中島まほりの5人の物語、6篇からなるオムニバス作品である。

本書の魅力は、語り手が変わることで、一人ひとりが抱える事情や外側からはうかがい知れない悩みが明らかにされ、登場人物に対する理解が深められていくことにある。

言いまちがいや読みまちがいをする翔は、周囲からはおもしろいことを言うお調子者と思われているが、「失敗」を後悔し、読み書きで苦労している。翔のおもしろさにひかれ、お笑いコンビを組もうともちかける山上強志は、家が暗くて「線香くさい」ことを気にしている。山上の姉が4歳のときに病気で亡くなり、両親は今もつらい思いを抱えているうえ、父親は火葬場で働いているからだ。

母和代は、新聞記者を辞め、すべてのエネルギーを翔に注ぎ込んでいる。しかし、翔は母との生活に息苦しさを感じ、「特別な才能を持っている」という母のことばが母自身を励ますものでしかないことを感じ取っている。和代は、周囲の目を怖れ、翔のことを任せきりにして海外に行ってしまった夫や自分がびくびくしながら機嫌をうかがう実家の母に悔しさを抱えている。翔のことにほとんど関心を持っていないように見える新聞記者の父尚人もまた、海外赴任から帰国後、仕事にやりがいや展望を見出せず、家にも居場所がないと感じている。

授業中ひと言も話さず、静かにほほえんでいるクラスメイトの中島まほりは、テレビもない小さなアパートで母親と2人だけで生活している。耳の聞こえない弟のことで追い詰められた母親は精神を病み、父親は弟を連れて北海道に行ってしまったのだ。たったひとり、つらい思いを抱えながら生きるまほり。

翔に自分の障がいを打ち明けられた山上は、「見えないところで誰よりも、もがいていたということだろうか」と考える。それぞれがみんな、何かを抱え、懸命に生きている。心を開き、つらさを伝え合うことで、お互いの理解が深まる。

5人が、自分や相手を見つめるなかで、友だち、親子、夫婦の関係を変えていこうとする姿が印象的だ。それぞれが抱える困難は簡単には変えられないが、人とのふれあい、人の温もりが生きる希望や喜びにつながっていることが伝わってくる。ラストの翔の決断が心に残る。

作者は、講談師の神田茜。重い内容だが、登場人物を温かく、時にユーモラスに描き出す作者の軽妙な筆致が生きており、読後感は心地よい。現代を生きる人間、夫婦、親子、友だちの関係をとらえる作者の繊細でしなやかな感性に感銘を受けた。中高校生やおとなたちにぜひ、読んでほしい。

（鈴木佐喜子）

受賞

神田茜は、『女芸人』（新潮社、2011年）で第6回新潮エンターテインメント大賞。

物語

夜中に犬に起こった奇妙な事件

マーク・ハッドン　小尾芙佐 訳
ハヤカワepi文庫　2016年　365p
〈初版〉早川書房　2003年　373p
小学校高学年～

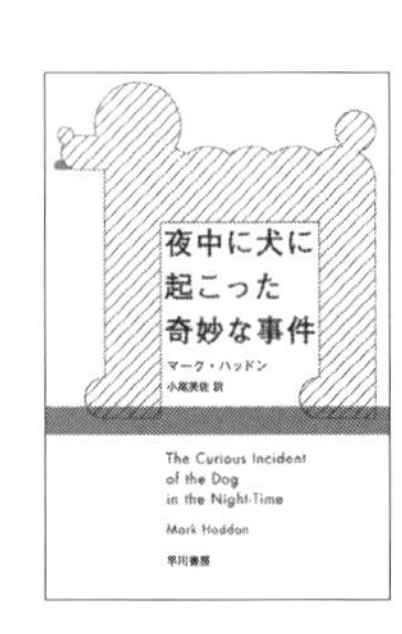

キーワード　アスペルガー症候群　感じ方　親の対応

発達障害の少年の視点で描く物語

15歳3か月のクリストファーは発達障害の少年。本書は、彼が書いた「殺人ミステリー小説」という設定である。

クリストファーは自分が発見した犬の殺害事件を解決しようと行動する。その過程で、信頼しきっていた父親のうそがわかる。ひとつのうそは、母親は近所の男性と2年前に出奔したのだが、彼には「死んだ」と言っていたことである。これがわかったときの彼の大きな動揺と混乱を知った父親は、彼にはうそは通用しない、真実を話しそれを受けとめさせる以外ないと判断し、もうひとつのうその真実——犬を殺したのは自分だ——を語る。

しかし、彼の障がいゆえに彼には父親の複雑な気持ちは理解できず、父はぼくを殺すという恐怖だけになる。混乱しながらも考え、身を守るために、もっとも苦手な人込みを経る160キロの旅をして母の所にいくことを選択する。

「うそをつけない」彼は、この旅での彼の苦労を驚異の記憶力で書く。だから、道を聞く、電車に乗る、騒音や人とぶつかるなど彼の嫌いな出来事と関わるたびに、視覚や聴覚情報がどのように彼に向かってくるのか、まわりの出来事をどう判断し行動につなげていくのか、どんな状態でパニックになり、パニックになるとどんな行動になるのか、そんなパニックをどうやると回避したり終えたりできるのかなどについて、彼のことばで時には絵入りでリアルに描かれる。それだけに、発達障害の子どもたちが日常の生活のなかで感じているだろう不安や恐怖が胸に迫る。書物等で「理解」していたことを、当事者の「感覚」として追体験することになる迫力があるからだ。当事者の記録ではなく、作家が書いたからこそ可能な重層的な世界といえる。

「こうした」「こう言った」と彼が書く内容からは、彼のまわりの人々のとまどいもわかる。特に彼と生活する親の努力と「我慢」がよくわかる。彼の世界を受け入れかつ慣れていても、突然の彼の行動にふり回されることは多い。母親の家出も、父親の二つ目のうそもその疲れだ。しかし、両親は彼が理解しがたい方法や嫌う方法を避け、彼が求める安定した日常を創ることでそれぞれの思いを彼に伝えようとする。拒絶された父親は、タイマーを持って5分だけ彼と話そうと提案する。父親の彼への向き合い方には、終始感動させられる。

クリストファーは、信頼するシボーン先生のことばを思い出しながらパニックをコントロールして旅を終え母親に会い、この騒ぎの直後に念願の大学入学資格試験にも合格する。まわりが彼の世界を受け入れ、彼も指導を受け入れながらまわりの人々と関わる方法を獲得する。失敗しながらも諦めず、双方が努力し続けた結果だ。

本書は、発達障害の子どもの感じ方を物語として取り上げた最初の本といえる。2003年にイギリスで刊行され、42か国以上で翻訳され、全世界で1000万部を超えるベストセラーとなった。

（田代康子）

追記

初版は、早川書房が2002年に始めた、おもに小学校高学年以上を対象にした児童文学シリーズ「ハリネズミの本箱」の9冊目として2003年に発行されたもの。

受賞は、イギリスでウィットブレッド賞（現コスタ賞）、ガーディアン賞、コモンウェルス賞最優秀新人賞。

日本では2004年第51回産経児童出版文化賞大賞。

舞台化、映画化もされている。

物語

あん

ドリアン助川
ポプラ文庫　2015年　206p
〈初版〉ポプラ社　2013年　239p　版元品切
中学生～

キーワード　ハンセン病　隔離政策　差別

ハンセン病療養所、柊の垣根は今もなお

かつてラジオの深夜放送で10代の悩みと向き合っていたドリアン助川が、ある女性の人生の物語に託して、忘れてはいけない社会的犯罪を若い人に伝えようとしている。

ポリ缶入りの業務用あんの残った分を冷凍保存して新品と混ぜてあんをつくっている「どら春」は、つぶれない程度に営業を続けている。そんな「企業秘密」のあんでどら焼きをつくっているのは、たったひとりの従業員で前科のある千太郎だ。その小さなどら焼き屋に、時給は安くていいから手伝わせてほしいという女性が訪れる。76歳で徳江という名のその女性は、手が不自由で顔に麻痺があった。千太郎は断り続けるが、徳江が置いていったタッパーのあんを口にして気持ちが動く。

50年のあんづくりの年季をどこで積んだのかという千太郎の問いに徳江は答えてくれないが、小豆と対話するような徳江の仕込みに千太郎はひかれていく。そしてあんがおいしくなった「どら春」はおかげで大繁盛する。しかしやがて徳江の手に残った後遺症が、隔離され差別されてきた病気の証であることが広まると、客足はすーっと遠のいていく。そして徳江は「どら春」を去っていった。

千太郎は、店先で徳江と親しくなった中学生のワカナと一緒に、徳江が暮らすハンセン病療養所を訪ねていく。作品の後半は、14歳で発病し療養所に強制隔離され奪われた故郷や家族の追憶と悔しさに始まる徳江の人生の語りと、この先の生き方を探る千太郎の姿が重ねられて描かれていく。

療養所には「柊の垣根がどこまでも続いていた」。家人を外界の魔物から守るという柊はわが家にも近所の家にも庭に植えてある。うっかり触れると葉先が刺さって痛い。その柊が療養所には今も垣根になって続いていることが、私たちの社会の痛い現実だ。

1996年に「らい予防法」が廃止され、2001年に国家賠償請求訴訟で原告勝訴し、国の過ちが認められた。しかし2003年に熊本の温泉ホテルによる療養所入所者の宿泊拒否事件が起こると、なおも残る差別への反省と抗議の声にも増して、入所者と支援者へのバッシングが起こったという。

ハンセン病患者は無菌状態になっても、感染力が弱いとわかっても療養所に隔離されてきた。隔離に根拠はなかったのに、いまだに差別が続く。私たちの社会が犯した過ちに向き合おうとしない、あるいは忘れてしまう。そうしたことのすべてが社会にある柊の垣根なのだ。

入門書としては、徳江と同じく14歳で発病し隔離された伊波俊男『ハンセン病を生きて』（岩波ジュニア新書、2007年）がある。NHKETV特集「僕は忘れない」（2013年10月12日放送）は、母が介護員として働いていた瀬戸内の島の療養所の小学校で6年間を過ごし、大学入学後に療養所の人々について語り継いでいく青年の活動を追っていた。入所者たちはみな高齢になった。全国の国立療養所がなくなってしまう日は遠くない。だからこそ、忘れまいとする人たちが続いている。

（片岡洋子）

追記

2015年に、河瀬直美監督・脚本、樹木希林、永瀬正敏らの出演により映画化され、第68回カンヌ国際映画祭「ある視点」部門でオープニング上映された。
また、本書は海外でも翻訳されている。

物語

ボーイ・キルズ・マン

マット・ワイマン 作　**長友恵子** 訳
ゴトウヒロシ 絵
鈴木出版　2007年　280p　版元品切れ
小学校高学年〜

キーワード　コロンビア（メデジン）　貧民街　マフィア　友情

貧民街で育った少年たちを待ち受けた未来

物語の舞台は、南米アンデス山脈系に囲まれたコロンビアの都市メデジン。そこは、標高1500メートルの高地にある。赤道に近い土地でありながら高地であるために、1年中春のような季節であるという。しかし、「春」という優しい季節のなかで、長い内戦が人々の生活を疲弊させ、麻薬に絡む「闇の世界」に支配されてその日常は暴力と危険に満ち満ちていた。「銃声のほうが人の声より大きく」、死体が転がっているのも日常の風景なのだ。そんな世界で生きなければならない子どもたちに、どんな「希望」をもつことができるといえるのだろうか。

物語は、スペイン系の貧民街である「バリオ」に住む12歳の少年、ソニーの目線で語られていく。ソニーのパパは生まれる前に生死不明。ママとの必死の生活のなかに転がり込んできた叔父ハイロ。コカ農園での農薬で肺を痛めたハイロは、まともに働くことができない。その屈折がソニーへの虐待に向かわせる。そんなソニーを支えるのはおなじバリオに住むアルベルトとの友情だった。「おれたちはおなじ日に洗礼を受け、おなじ海賊版のテープを聴いて育った」。そして、いつか大好きなサッカーをスタジアムの中で観戦すること、街を囲む山の向こう側の世界を見ることが2人の夢であった。「音楽、金、神、それにサッカー。それがおれたちの世界を動かしていた。世界はこのままずっと変わらずにまわっていく」そう信じていたソニーの夢を、厳しい現実が無惨に打ち砕いていく。

体の大きかったアルベルトが、銃の魅力に吸い寄せられ、マフィアの世界に足を踏み入れたとき、ソニーの日常も激変する。「はっと息をのむほどの金」を持ち、ついには入れ墨までして「シカリオ（暗殺者）」に作られていくアルベルト。彼との友情がすべてであったソニー。それがどんなに危険な道であろうとも、アルベルトとのあいだにできた初めての「秘密」を共有したいという幼い一途さが、ソニーの新たな「希望」となる。「なにをやってもあいつはおれの一歩さきにいる」というソニーのアルベルトに対する悲痛な思いは、一気に「闇の世界」に駆り立てていく。そして、あれほど渇望した銃を持つことによって得られる「選択の自由」が、どんな自由であるかを、ソニーは最後に身をもって知ることになる。サッカーをスタジアムの中で観戦することも、山の外側の世界を見ることもできなかった少年たちの物語は、最後まで救いのない閉塞感のなかで終わる。

つらい物語である。しかし、現実の「今」を切り取った物語でもある。その事実の重さが読ませる迫力をもつ。世界には、紛争や貧困のなかで、満足に教育も受けられないままに過酷な労働や、少年兵として機械のように使われている子どもたちが2億2000万人にものぼるといわれている。そして、現状脱出のための子どもたちのささやかな「希望」をえじきとするおとなたち…その絶望の連鎖を断ち切るためにも私たちはまずその残酷さを知らなければならないのだと切に思う。

（川上蓉子）

ノンフィクション

貧困を考えよう

生田武志 著
岩波ジュニア新書　2009年　238p
中学生〜

キーワード　貧困　ホームレス　非正規労働

ホームレス・貧困は自己責任か

日本の貧困問題についてのおとな向けの本の出版が相次いでいた２００９年に、中学生など10代の若者と貧困問題を考えるためにジュニア新書の１冊として出版された。冒頭の「二人のひろし」のエピソードが印象深い。一人は造田博、もう一人は田村裕。１９９９年の「池袋無差別殺傷事件」のことは覚えているが、その事件を起こした造田博の名前を私は覚えていなかった。ましてや造田の生い立ちも知らなかった。著者の生田武志は、造田が中退した岡山県立高校の卒業生で、高校の先輩に当たる。「卒業生の何人が国公立大学や有名私立大学に進学したか」を最優先で考えるような進学校は、両親が多重債務に陥り、借金の取り立てから逃げるために家財道具を持って失踪した生徒の窮状に対して、生活や教育の保障に必要な手立てを取ろうとしなかった。授業料が払えなくなった造田博は高校2年で退学し、不安定な就労を転々とし、池袋での事件に至る。

もう一人のひろし、田村裕はお笑い芸人で、ベストセラーとなった『ホームレス中学生』（ワニブックス、２００７年）の書き手である。家を差し押さえられ、父が家族解散を告げて失踪し、中学2年の田村裕が公園で野宿生活を始めたのは、造田博の両親が失踪したのと同じ１９９３年だ。田村裕の場合は見かねた同級生の親が近所の人と話し合って家を借りてやり、田村きょうだいを住まわせ、兄が生活保護を受けられるようにして彼らの窮地を救った。その物語がベストセラーとなった2007年に造田博の死刑が確定した。

生田は「二人のひろし」をともにおそった「経済の貧困」と、田村にあって造田になかった「関係の貧困」を問う。もちろん「思いやり」が「経済の貧困」を解決するというのではない。本編ではそれらの連関を構造的に描き出す。しかし「経済の貧困」の解決を「お上」に求めるのでは済まない、私たちが見過ごしている「貧困」を考えようと呼びかける。

私が本書を知ったきっかけは、2009年末から2010年にかけてNHKで放送されたシリーズ「無縁社会」だった。年末の朝のニュースで大阪の釜ヶ崎「こどもの里」の子どもたちが野宿者への夜まわりの活動をしていることを知った。子どもたちがおにぎりとみそ汁を手に「子ども夜まわりです」と野宿者に声をかけ、「おじさん、どこから来たの?」と対話を始める。野宿に至らざるを得なかった人生を聞き、「汚くて怖いもの」ではなく、○○さんという人を知っていく。この活動は1983年の横浜・山下公園の「浮浪者襲撃」事件をきっかけに始まった。

生田らは高校などでDVD『「ホームレス」と出会う子どもたち』を使っての出前授業も行っている(生田武志『〈野宿者襲撃〉論』〈人文書院、2005年〉参照)。大学の授業で学生と一緒にDVDを観て考え合った。「知らなかった」というショック、でも「知ろう、考えよう」と思ったという感想には、私もまったく同感だった。

(片岡洋子)

参考

DVD『ホームレス』と出会う子どもたち」ホームレス問題の授業づくりネット、2009年。2016年「こどもの里」を舞台にしたドキュメンタリー映画「さとにきたらええやん」(重江良樹監督、ノンデライコ配給)が製作され全国各地で上映された。

写真・ノンフィクション

学校へいきたい！　全8巻

世界の果てにはこんな通学路が！

エディション・ナタン社（仏）原書
六耀社　2016-2017年　各76p
小学校低学年～

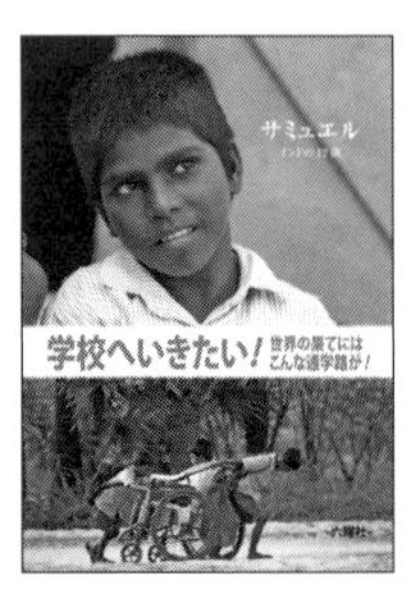

キーワード　通学路　学校　教育を受ける権利

学校が子どもと家族の希望である社会

日本でも話題となったフランスのドキュメンタリー映画「世界の果ての通学路」（パスカル・プリッソン監督、２０１２年）が、フランスではテレビのドキュメンタリー番組にもなった。本シリーズはそのノベライズの翻訳。映画は４人の子どものオムニバス作品だが、書籍では８人全８巻となる。

インドのサミュエルは12歳、小児麻痺（まひ）により全身に麻痺が残る。両親は車椅子を受け入れる学校の近くに引っ越してくれたが、それでも4キロ、片道1時間15分もかかる。毎日2人の弟がサミュエルを介助して一緒に登校する。暑いなか、砂地に車輪を取られたりトラックに阻まれたり、泥の川にはまってしまったり…苦労の連続。ようやく町が見えてきたときには、とうとう車輪がパンクしてしまう。

「ぼくは最悪のことを想像してしまいました。学校をやめて、進学もできなくなる自分のこと。もう、ぼくは、医者にはなれなくなる…。両親や弟たちを助けることはできないし、ぼくのような障害のある子どもたちを助ける夢もなくなってしまう…」

弟が自転車修理の店を見つけ、直してくれたおじさんは、お金を受け取らずに子どもたちを学校に送り出す。校門が見えると、弟はサミュエルの服装や髪を整えて――その細やかなしぐさ。学校に着くと友だちが6人でサミュエルを車椅子ごと教室に運ぶ。

「教室で多くの生徒といっしょに、机を前にして椅子に座ると、ぼくは、みんなと、少

シリーズ

学校へ行きたい！ 全8巻

1 **エルボル** キルギスの12歳
2 **フランクリン** マダガスカルの13歳
3 **デヴィ** インドの13歳
4 **アニ** マレーシアの11歳
5 **ザヒラ** モロッコの12歳
6 **カルロス** アルゼンチンの11歳
7 **サミュエル** インドの12歳
8 **ジャクソン** ケニアの11歳

しも変わりません。教室では、もう障害者ではありません。／ぼくは、サミュエル、インドの中学1年生です。／ぼくは、授業に集中します。ぼくの学校での一日が始まりました」サミュエルの教室での表情は、自信と決意に満ちている。家族の困難と期待と愛情を背負い、両親のみならず弟たちにも支えられて学校に通うサミュエル。家族への感謝とともに強い意志と希望をもち、学ぶ姿には胸を打たれる（『サミュエル インドの12歳』）。

ほかに、極寒の雪の山道を3時間かけて馬で通学するキルギスのエルボル、サバンナを5時間かけて通学し借りた部屋で兄と自炊して暮らすフランクリン、2本の川を渡し舟と徒歩で渡って通学する少女デヴィ、いとこが送迎するカヌーで水上集落から通学する少年アニ、医者になる夢をもち22キロの山道を通う少女ザヒラ、18キロの通学路を愛馬に妹も乗せて通う少年カルロス、危険な象の群れを避け妹を守って通学する少年ジャクソン――みんな11～13歳の「辺境」の子どもたちだ。

学校までの道のりは遠いだけでなく、毎日が危険にさらされる冒険の連続。子どもたちは幾多の準備や技量・知恵をもって命がけで乗りきる。水くみや牛の乳搾りなどの重い家事労働を担い、貧困や差別から抜け出す方法として、学ぶこと、学校へ通うことに夢をかけている。「教育を受けて、人にたよらずに生きていける人になってほしいんだ」（デヴィの母）という親たちの願いを骨身に染みさせている。貧しくとも、そこには社会の希望がある。通学路はずっと安全な現在の日本で、学校が必ずしも希望とはならない時代と社会を生きる困難を思う。

（三輪ほう子）

6

多様な豊かさにふれる

海の上で暮らす漂海民、
13歳で結婚し未亡人となった少女、
加害と向き合う少年…
敵対、分断や排除が広がる今、
あまり知ることのない社会・文化や暮らし、多様な生き方にふれ、
子どもたちの声に耳を傾けたい。
新しい発見にわくわくし、関心や見方が広がり、
自然や生き方を深く考えさせられるだろう。

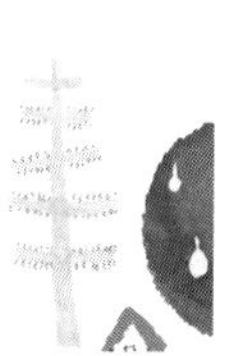

ノンフィクション

ナビラとマララ

「対テロ戦争」に巻き込まれた二人の少女

宮田 律
講談社　2017年　176p
小学校高学年～

キーワード　イスラム　パキスタン　無人攻撃機ドローン

なぜ、ナビラの訴えは届かないのか？

マララさんとナビラさんはともに「対テロ戦争」の犠牲者である。２人ともパキスタンの同じ部族地域の出身でパシュトゥン人。しかし、２人の少女に対する扱いは大きく異なった。マララさんは、２０１２年、15歳のときに「パキスタン・タリバン運動（ＴＴＰ）」のメンバーによって銃撃され重傷を負った。暴力に屈せず女性の教育を受ける権利を訴え続けたマララさんは、２０１３年、アメリカのオバマ大統領からホワイトハウスに招かれ、２０１４年、ノーベル平和賞を受賞した。他方、２０１２年、９歳のときにアメリカ軍の無人攻撃機ドローンが撃ったミサイルで祖母を失い、重傷を負ったナビラさんを知る人は少ない。ナビラさんは、アメリカ議会の公聴会で自らの被害を説明し、「ドローンよりも教育にお金を」と訴えたが、出席した下院議員はたったの5人だった。

２人の少女のどこが違っているのか？　マララさんを撃ったのはアメリカの敵であるＴＴＰ。ナビラさんたちを攻撃したのはアメリカ。『加害者が誰なのか？』という違いこそが、彼女たちの訴えが世界に届くかどうかを決めている」のだ。

ドローンが武器として使用されていることに衝撃を受けた。地上に兵士を送ることは危険だと判断したアメリカは、「対テロ作戦」をドローンで行うことにした。オバマ政権下でのドローン攻撃は、パキスタン、イエメン、ソマリアの３か国で３９０回以上、ブッシュ政権時の8倍にのぼる。

驚いたのは、ドローン攻撃がアメリカ本土の空軍基地から行われていることだ。アメリカ政府の人々は、ドローン攻撃を「bug splat（昆虫をつぶしたときの擬音）」と呼び、自らは安全なところにいて、指先の動き一つで人の命を虫けらのように攻撃する。2004～2015年にパキスタンでドローン攻撃の犠牲となった市民は423～965人、子どもは172～207人にのぼるという。アムネスティは、無人攻撃機による市民の殺害行為が「戦争犯罪」にあたり、厳しく処罰されるべきだと主張した。しかし、アメリカからはナビラさんたち遺族に対する謝罪のことばも補償もない。

イスラムの武装勢力がなぜ欧米の社会を憎むのか？　イスラム地域研究を専門とする著者は、欧米とイスラム世界との関係を、歴史をさかのぼりていねいに解き明かしている。強国の思惑で境界線が引かれたことで、民族を分断され「自分の国」をもてずにいるクルド人やパシュトゥン人。アメリカと対立するアフガニスタン政権を倒すために過激イスラム組織を支援しテロリストを育てたアメリカやパキスタン。「大量破壊兵器を持っている」という不確かな情報をもとに欲得ずくでイラク戦争を開始したアメリカと協力国。中東では貧困や格差に不満を募らせた若者が過激派に加わる。「対テロ戦争」の背景と本質を知り、解決の道を考えさせられた。「攻撃と復讐を繰り返しても、解決には向かいません…安易に戦争に向かっても、平和は絶対にやってきません」というナビラさんのことばが説得力をもって私たちに迫ってくる。子どもにもおとなにもぜひ、読んでほしい。

（鈴木佐喜子）

物語

エベレスト・ファイル

シェルパたちの山

マット・ディキンソン 作
原田 勝 訳
小学館　2016年　368p
小学校高学年〜

キーワード　シェルパ　インターネット　国際格差

幾重もの格差、スリルの輻輳が一気に読ませる

この本は、装備には、デジタルカメラとノートパソコンを備え、インターネットで天候を確認し、メディアを引き連れて登山経過を世界に発信しながら世界最高峰へ挑む現代の登山冒険物語を縦軸としている。一方、エベレスト登山を産業とし、外国人登山隊の荷物のみならず家族の生活を背負って登頂を支えるシェルパたちの姿・暮らしを描くことを横軸に社会問題を提起する。そして、本書はまた、そのどちらにも絡むように、16歳でエベレスト登山隊に抜擢（ばってき）されたカミとその恋人シュリーヤの人生と生死を賭けた物語でもある。さらには、ギャップイヤー（大学進学前や卒業後にとる一年間の休暇）でネパールにやって来たイギリス人のライアンが、エベレスト登頂後行方不明になっているカミを捜すという願いをシュリーヤに託され、登頂にまつわる謎を解いていく。この3人の心の通わせ合いが、若者の物語として「斜め軸」となり、本書を輝かせている。

登山隊の隊長は、アメリカの上院議員ブレナン。ボート競技でオリンピック代表にもなった彼は、反戦を訴え、国民の心をつかんでいる。エベレスト登頂成功の栄誉をさらに大統領選の有利につなげようと意欲を燃やす。専属の撮影スタッフを置き、女性ジャーナリストのサーシャを重用する。彼のメディア戦略は巧みで貪欲だった。

カミともうひとりのシェルパ青年ニマは、クレバスの底に降りて、下からブレナンを撮影することを助けるが、撮影が終わると他のメンバーはさっさと引き上げてしまう。

カミとニマはクレバスの底に取り残される。ニマはカミを先に上がらせるが、ニマを引き上げるときにカミは装備の一つを落としてしまい、ニマを引き上げられなくなる。カミは先にもどったメンバーを必死で追いかけるが…。こういった登山技術や生死を分ける危険の描写は、迫真の臨場感。それは作者自身がエベレスト登頂者であることによる。「シェルパ」とは、もともとネパールの少数民族の名だったが、今では高地登山を助ける職業名となっている。標高の高い土地で育った彼らは身体能力を買われて荷物運びをするだけでなく、高い登山技術をもつクライミング・シェルパとして登頂の成否を分ける重要な役割を担う（訳者あとがき）。

現在、海外からのエベレスト登頂遠征には数百万円がかかるという。シェルパたちの1シーズンの稼ぎは60万円ほど。カミは、ブレナンと2人で頂上にアタックする。8000メートルを超えるデスゾーンで、カミは呼吸もままならないブレナンを支える。登頂の成否は2人しか知らない。生還して、ブレナンはカミに2000ドルの特別ボーナスを渡す。カミにとってそれは、古い慣習により8歳のときに結婚させられた6歳の少女との結婚解消に充てるお金となるのだった。カミは少女の持参金の3倍を稼ぎ、愛するシュリーヤと結ばれるという人生の目的を賭して登山隊に参加したのだった。カミのひたむきな愛と、山への畏れ・信仰心、鍛えられた身体と英語をも学んで登山に賭ける真摯さに心打たれる。

国際格差問題をはらむテーマと物語の輻輳（ふくそう）が一気に読ませる。

（三輪ほう子）

ノンフィクション

ラミッツの旅

ロマの難民少年のものがたり

グニッラ・ルンドグレーン 作　きただい えりこ 訳
さ・え・ら書房　2016年　192p
小学校高学年〜

キーワード　難民　ロマ人　強制送還

実在のロマの難民少年が永住許可を取るまで

シリア難民が多数ドイツに向かっているというニュースで、この人たちがどうやって旅費を工面し、どう危険をくぐり抜けてたどり着いたか、想像しただろうか。果たしてドイツに永住できるのか、さらに亡命の旅を続けざるを得ないのか、それとも本国に強制送還されるのか、考えただろうか。本書は、東欧の民族・宗教紛争が相次いだときの実在の少年の亡命の物語であり、現在の難民問題に通底する事実を教えてくれる。

ラミッツは、12歳のロマ人の少年。ドイツで生まれドイツで教育を受けていたが、学校では教師からも級友たちからも「ジプシー」と差別されてきた。級友たちに盗みの疑いをかけられたとき、ラミッツは学校に行くのをやめた。

ラミッツの両親は、コソボ出身。セルビア人とアルバニア人が政治経済を支配するコソボでは、ロマ人はまず定職には就けない。両親は幼い娘を連れてドイツに亡命する。難民宿舎に住みラミッツと3人の弟が生まれ、13年目にようやく父親が安定した仕事に就けたとき、永住許可申請が却下され一家は民族紛争まっただ中のコソボに強制送還されてしまう。戦闘で破壊された街にもどったとたん、父親は拉致され行方不明になる。祖父母は、残された母親と子ども5人を安全な国に亡命させようと、金を工面し偽造パスポートを用意する。野菜運搬車の段ボールの奥に隠れ数日かけてスウェーデンまで行き、なんとか難民宿舎に入る。しかし、姉は心労から食事が摂れなくなり衰弱し、ラミッツもことばが出なくなる。コソボの収容所にいた父親は逃げ出し、祖父母の手でスウェーデンへ亡命し、出会った難民支援者によってようやく家族は再会できた。支援者の奔走で全員の永住許可も取れた。ラミッツが安心して再び教育が受けられるようになったのは、強制送還されてから2年後だった。

ヨーロッパには1000万人以上のロマ人がいるという。ドイツ生まれのラミッツが教師からも「ジプシー」と差別されるくだりでは、ドイツは難民に手厚いはずではないか、ドイツはナチスがユダヤ人とともにロマ人を強制収容所に送った歴史を二度とくり返さない教育を徹底しているのではないか、右傾化はこんな形で進行しているのかと驚いた。

近年、ヨーロッパ各国ではロマ人が増え、その排斥の動きが急激だ。ラミッツのときは移民局審査官や支援者が動いて道が開けたスウェーデンでも、排斥の動きがあるという。ラミッツは街中で物乞いをするロマ人を見て、「戦争や差別が人びとを貧しくしてしまうんだ」と考える。物乞いでしか生きていけなくさせてしまった歴史的政治的背景を見ようとせずに、「目障り」だという視点でのみ行動すれば差別を固定化する。ラミッツの立場に立つと、民族差別、貧困、民族紛争といくつも重なって難民とならざるを得ない背景が浮き彫りになる。

あとがきに、実在のラミッツは現在支援員として学校で学ぶロマの生徒を支えているとあった。安堵（あんど）した。

（田代康子）

絵本・ノンフィクション

世界でいちばん貧しい大統領のスピーチ

くさばよしみ 編　中川 学 絵
汐文社　2014年　32p
小学校中学年～

キーワード　ウルグアイ　ホセ・ムヒカ　国連持続可能な開発会議

豊かさとは？ 幸福とは？を問いかける

２０１２年、ブラジルのリオデジャネイロで「国連持続可能な開発会議（リオ＋20）」が開催され、地球環境の未来や貧困根絶についての話し合いが行われた。各国代表による演説の最後に登壇したのが、南米ウルグアイのホセ・ムヒカ大統領。会場の人々は、小国の大統領の話にそれほど関心をもっていなかった。しかし、演説が終わったとき、会場からは大きな拍手がわき起こり、「もっとも衝撃的なスピーチ」として世界に広がっていった。

本書は、この演説を子ども向けに意訳して絵本にしたものである。

「もしもインドの人たちが、ドイツの家庭と同じわりあいで車を持ったら、この地球に何が起きるでしょう」

「西洋社会と同じように、ものを買ったりむだづかいしたりできると思いますか。そんな原料が、いまのこの世界にあると思いますか」

危機の本当の原因は「働いて、ものを買い、使い捨てする」文明、「わたしたちがめざしてきた幸せの中身」にある。

「貧乏とは、少ししか持っていないことではなく、かぎりなく多くを必要とし、もっともっとほしがることである」

問題の核心をついた言葉が胸に響き、人類の幸福、豊かさとは何かを問いかける。

「こんな会議をしてもむだだと言いたいのではありません。むしろその反対です」と述べ、「発展とは、人間の幸せの味方でなくてはならない」「いままでとはちがった文化をつくるために、たたかい始める必要があるのです」と呼びかけていることにも感銘を受けた。

絵本の冒頭には「世界でいちばん貧しい大統領」としてのムヒカの暮らし、生き方が紹介されている。質素な背広にネクタイなしのシャツ姿。給料の大半を貧しい人のために寄付し、大統領の公邸に住まず、町から離れた農場に妻と暮らす。花や野菜を作り、運転手付きのりっぱな車に乗る代わりに古びた愛車を自分で運転して大統領の仕事に向かう。ウルグアイの人々はムヒカを、親しみを込めて「ペペ」と呼ぶ。美しい色彩、内容を的確にとらえ、しかもどこかユーモラスなタッチの絵も魅力的だ。

「大統領なのに鶏を飼っていたり、自分の車で大統領の仕事に行ったりするのがおもしろい。普通は大きい車で行ったりするのに」

本書を読んだ小学4年生の感想だ。私たちが抱く大統領のイメージとはかけ離れた質素な暮らしや給料の大半を寄付する生き方が人々の心をとらえ、ムヒカの言葉をより説得力のあるものとしている。

子ども向けのわかりやすい表現にしたことで、「おとなこそ読みたい」「子どもに読ませたい」など、読者層を広げ、多様な受け取り方を可能にしたのではないだろうか。おとなにも子どもにも読んでほしい絵本である。

（鈴木佐喜子）

追記

ホセ・アルベルト・ムヒカ・コルダーノは、ウルグアイ第40代大統領（在任2010～15年）。

『世界でもっとも貧しい大統領ホセ・ムヒカの言葉』（佐藤美由紀著、双葉社、2015年）など、ムヒカを取り上げた書籍が相次いで刊行された。

2018年に製作された、エミール・クストリッツァ監督のドキュメンタリー映画「世界でいちばん貧しい大統領　愛と闘争の男、ホセ・ムヒカ」が、2020年、日本でも公開された。

物語

路上のストライカー

マイケル・ウィリアムズ 作
さくまゆみこ 訳
岩波書店 2013年 270p
小学校高学年～

キーワード 難民 路上生活者 サッカー 南アフリカ

難民もホームレスも、今こそ走るときだ！

14歳のデオは、ジンバブエの村で、牛革のポーチにビニール袋を詰めた祖父手作りのサッカーボールでデオ・マジックを駆使する路上のストライカーだった。だが、大統領に投票をしなかった人物の調査を口実に村は襲撃され、祖父も母親も村人も虐殺される。デオと障がいのある兄イノセントは生き延び、父がいるだろう隣国南アフリカに向かう。ワニのいる川を歩いて渡り、野生動物保護区を2時間走り続け、難民相手の農場に雇われ8か月働く。

しかし、難民を収奪する農場の存在は地元民の仕事を奪うことであるため、彼らの怒りを知ってそこを離れる。その後、ジョハネスバーグの高速道路下の家で2人は暮らすが、5か月後外国人襲撃の暴動にあい、兄は焼き殺される。

18か月後、シンナーを吸い路上生活者となったデオ、その彼に偶然サッカーボールが飛んでくる。デオ・マジックがよみがえり無心に蹴るデオ。ここからデオの新しい生活が始まる。南アフリカで開催されるホームレス・ワールドカップの南アフリカ代表チームの選手に選ばれたのだ。

本書は二つの問題を提起している。一つは外国人排斥問題である。著者ウィリアムズは、２００８年に南アフリカで起きた外国人襲撃で焼け死んだ男性の写真を見て、この男性が誰か、そしてなぜ南アフリカに来たのかをわかっていたとしたら、襲撃者はこの男性を殺しただろうかと考え、それが本書を生み出す契機になったと述べている。

代表メンバー選出のトレーニング中、国の代表チームに難民を入れるのはおかしいとチーム内が険悪になったとき、コーチは全員のいる場で、それぞれのここに来るまでの生活を語らせる。難民ではなくとも、全員が親の死や虐待など悲しみや死と無縁ではなく、自分の居場所を探し、物でなく人として扱ってもらいたいと思っていることを知る。その結果、難民でも南アフリカ代表のユニフォームを着て、希望する者はアームバンドに自国の国旗をつけることが決まる。外国人排斥を超えた印象深い場面だが、これが著者の一つの答えなのだろう。

もう一つは、メル・ヤングが提起したプロジェクト、サッカーを通してホームレス生活を終えるというホームレス・ワールドカップの意味だ。デオは試合中に、「ぼくは今、なりたいと思っていた存在になっている。不安から解き放たれ、この瞬間のことしか考えられなくなっている」自分を発見する。代表選出前のトレーニング、共同生活、チームでのプレイ、観客やスタッフとの一体感——すべてが自立支援なのだと思った。

南アフリカ大会を取材したドキュメンタリー映画「ホームレス・ワールドカップ」、野武士ジャパンが参加した2011年パリ大会の記録『ホームレス・ワールドカップ日本代表のあきらめない力』（蛭間芳樹著、PHP研究所、2014年）は、ボランティア組織の重要さを鋭く描いていて、本書をより深く味わう参考になる。

ホームレス・ワールドカップ大会の開催国になれる日本にしたいと思った。（田代康子）

追記

ドキュメンタリー映画・邦題「ホームレス・ワールドカップ」（原題Kicking it）は、スーザン・コッホとジェフ・ワーナーが監督。2006年のケープタウンでの大会を対象とし、2008年上映。

写真絵本・ノンフィクション

地球ものがたり 全4巻

関野吉晴の世界

関野吉晴
ほるぷ出版　2012-2014年　各60p
小学校低学年〜

キーワード　分かち合う　生きる知恵　文化人類学

人と自然への公平な慈しみ、異文化への心のつながり

私たちが生きるこの地球には、グローバリゼーションのもとでの競争とは無縁に、自らの手で生活の糧を得、分かち合いながら、しあわせに暮らしている人たちがいる。そのことに気づかされる写真絵本「地球ものがたり」シリーズ全4巻。グレートジャーニーで世界を旅した関野吉晴さんの出会いを求める心と日本の子どもたちへの想いが、私たちを知らない世界と満ち足りた笑顔に出会わせてくれる。

「今や地球上に、人間の住んでいないところはありません。他の動物は、別の環境に移動するには、自分の体を変えないと、生きていけませんでした。しかし人間は、どんなきびしい環境でも、衣食住や生き方、つまり文化をそこに適したものにし、そこを『住みやすいところ』にしてしまったのです」(はじめにより)。関野さんの文化人類学探求の旅を美しい写真と生活を具体的に描く文章で紹介する。

みなさんは、100万人ともいわれる漂海民バジョをご存じだろうか。2巻目『海のうえに暮らす』は、南の海の上での人々の暮らし。今は沿岸部などに家を建てる人が多いが、今でも「家船（えぶね）」で暮らす人たちもいる。「食事や料理はもちろん、トイレも、夜眠るのも、子どもを生むのも船の中でします」。どこが海面かわからないほど透き通った海、子どもたちが操る丸木舟――見開きいっぱいの写真に息をのむ。

お腹がすいたら釣りをすれば魚が捕れ、飢えることはない。将来の心配もないので貯

セット

地球ものがたり 全4巻

1 **インカの村に生きる** 2012年
2 **海のうえに暮らす** 2013年
3 **極北の大地に住む** 2014年
4 **熱帯の森の家族** 2014年

金する必要もない――「ここはまるで、竜宮城に住んでいるようなのです」。「わたしたち都市に住む者は、複雑な機械とたくさんの情報にかこまれ、自分たちはすぐれていると、かんちがいしています。…バジョの人たちは、ここで生きていくために必要な最高の知識と知恵を持っているのです」。彼らは海の博物学者。子どもたちは「学校には行っていませんが、海とまわりの大人たちが先生です」。

国や軍隊を作らず、戦争が起こると家船を動かして別の土地に移動し、むだな財産のために血を流すことなく生き延びてきた人たち。関野さんのまなざしは、女性や子どもたちに注がれるときにこそ、公平な慈しみに満ちる。「バジョの女性は、船の操縦もお手の物です。彼らの生活を見ていると、男性にしかできない仕事などはないということがわかります」

3巻目『極北の大地に住む』は、マイナス40度にもなる極寒のアラスカ・シベリアの暮らし。そこで生きていくには、強さよりもやさしさがたいせつだと、トナカイ遊牧民のアナトリーさんは語る。やさしさがあるからこそ、強さが役に立つと。極北ではナイフは命の次に大事なもの、「ナイフとマッチ、それに釣り道具があれば、どんな状況でも生きていける」。みんな8歳の誕生日に父親からナイフをプレゼントされる。

最終刊『熱帯の森の家族』は、アマゾン・マチゲンガ先住民のトウチャン一家の熱帯雨林での生活を紹介。この10人家族の一人ひとりに名前を付けたのは関野さんだという。遠い異境異文化の人たちとの心のつながりの深さに胸を打たれる。　（三輪ほう子）

物語

天狗ノオト

田中彩子
理論社　2013年　320p
小学校高学年～

キーワード　天狗伝説　祖父の遺品　山間での生活

自然への畏敬、人間への警告——天狗伝説

小学6年の保(たもつ)は、ふとしたことから亡き祖父の遺品のなかに「天狗ニアフ」と書かれた日記を発見する。どうやら祖父は退職後東京から移り住んだこの地に、若い頃にも訪れた経験があったらしい。保の一家は数年前にここに移住してきたが、何しろ小学校まで歩いて1時間かかる山に囲まれた田舎だ。通学路には白線がひかれていて、歩くときにその安全地帯である白線から「3回はみ出すと死ぬ」とか「千吉(せんきち)天狗に連れていかれる」という伝説がある。

そう言えば、近所の植木職人のオジサンも山のなかで木々がものすごい音をたてて倒れる「天狗倒し」を聞いた経験があると言っているし、知り合いの爺さんの猟師仲間が山ではぐれて両足つぶされたのは「千吉のたたり」だとも言っている。保は友だち3人と、祖父が詳しく書き記した『天狗ノオト』を探し出す。そして私たち読者は、保たちとともに、祖父の出会った天狗の物語のなかに入っていくことになる。

もう、何十年も前の話だ。貧しい木彫り職人の家に生まれた少年は、ある日道で死んだ猫を生き返らせた山伏を見る。父の病を治したい一心で、その術を教えてもらいたい思いから、奇妙な鳥の面をつけた山伏について行ったその少年は、木三太(こさんた)と命名され天狗の住む山の生活者となっていく。

天狗は、「酒ばかり呑んでいるせいで顔が赤く酒焼けしているが、巷で云われるほど鼻が長いというわけでもない」。「穀物も魚も食わぬうちに、臓腑は一度しぼみ、その後は、天狗の糧でも耐えられるようになり、顔つきも変わってくる」のだ。木三太は、山の草から薬を作ることもでき、風に乗ることは早くから体得できたのに、天狗の特徴である背中の羽根がなかなか生えてこない。

「人にもあらず、天狗にもあらず」の中途半端な存在を自覚する木三太は、やがて天狗になる者として連れてこられた千吉や、生けにえとして捧げ物にされる子どもを里に返してやろうと試みて失敗し、ついには、絶対に犯してはならない禁に近づいてしまうのだった。

100ページを費やして描かれるこの『ノオト』の部分に圧倒される。山の神を護る天狗、太古の力が目覚めぬように見張る天狗。彼らの働きは、山というものがどのような存在として人々に考えられてきたのかを教えてくれる。山の木を簡単に伐採して売ろうとする人間への警告として、天狗という存在が伝えられてきたことも、なるほどと納得できる。

理由のわからぬことを天狗の仕業とするのは、人間の生み出した知恵である。しかし同時に人間は、異形なる者・変わっている者を排除しようとし、排除された者は孤独を抱えて人々の生活から離れた場所で生き続けなければならない。そのことを理解した保が、天狗との出会いを書き遺した祖父の思いとつながった実感をもつシーンが、せつなく感動的だ。

（石井郁子）

物語

スピリットベアにふれた島

ベン・マイケルセン 作　原田 勝 訳
ヒロミチイト 装画
鈴木出版　2010年　358p
中学生〜

キーワード　少年犯罪　北米先住民　無人島

加害少年も被害者、厳罰ではなく魂の救済を

激しい暴力によって、同級生ピーターに一生治らない障害と心の傷を負わせた15歳の少年コールが主人公である。拘置所に入れられても、彼はまったく反省しない。ピーターが万引きをチクったからいけないのだ。彼がけんかのやり方を知っていればここまでは殴らずにすんだのだ、と。

これまでの人生の半分を警察のやっかいになっているため、周囲も口先だけの悔い改めなど信用はしない。成人と同じ扱いの裁判によって刑務所に行くことだけは免れたいコールは、姑息な発想からある提案に飛びつく。魂の救済のための裁判制度「サークル・ジャスティス」によるコールへの措置だ。それは、1年間たった1人で、アラスカ南東部の無人島で暮らすことだった。

コールが無人島に着いてまず行ったことは、自分が生活するはずの小屋を燃やしたことだ。無人島だろうが何だろうが、自分の泳力をもってすれば逃げ出せるに決まっている。だから小屋なんていらない。

クマの姿を目撃すると、さっそく木の枝で槍を作り、恐れも見せずにじっと立っているクマに対して「ぶっころしてやるからな」と叫ぶ。「おれを見て、びびらないやつはどうなるか、思いしらせてやる」と誓うのだ。そのクマに挑み、いとも簡単に腰も腕もへし折られ瀕死の重傷を負っても、クマの首からむしりとった白い毛をズボンのポケットに押し込みながら、彼は思うのだ。「生きて帰れば自慢できるだろう、クマと戦った証拠になる」と。

少年保護監察官ガーヴィーと地元のトリンキッド族の古老に助け出され、とりあえず命の無事が確保されると、コールはもう一度島にもどることになる。今度は壊した小屋を建て直す備品も食料も、彼が大切にしていたものを売った代金でまかなうことと、2人の監督下で生活することが条件である。自然を畏れ、トリンキッド族の言い伝えを尊び、自分を見つめることでコールが人間としての感性を取りもどすここからの描写がずっしりと重い。

ガーヴィーと古老の姿勢が断固としている。小屋の建て直しにも食事作りにも絶対に手を貸さず、コールが何かの原因を人のせいにしようものなら、けっして許さない。しかし一方で、厳罰に処することでは加害者は変わらないということを、2人は確信している。人を傷つけた加害者も、被害者の1人であり、相手を殺したくなるような恐ろしいことが、加害者の身に起きていたと考えるからだ。

やがてコールは、毎朝冷たい池の水につかり、トーテムポールを彫り、その日にあったことを踊りにして振り返る日常を送るようになっていく。古老は、「怒り」は忘れ去ることのできない感情、だからこそ怒りの克服が大切なのだとコールに説く。その意味をさぐろうと、クマやピーターへの怒りを見つめもがくなかで、赦(ゆる)すことを知っていくコールの姿に、改めて犯罪との向き合い方について考えさせられた。

（石井郁子）

物語

はみだしインディアンのホントにホントの物語

シャーマン・アレクシー　エレン・フォーニー 絵
さくまゆみこ 訳
小学館　2010年　352p
中学生～

キーワード　インディアン　人種差別　友だち

インディアンの少年が白人の通うハイスクールに転校したら

本書の主人公は、北米先住民スポケーン族の保留地で暮らす14歳の少年アーノルド(ジュニア)。78パーセントが事実(訳者あとがき)という作者の自伝的な物語である。

オレの家族は、父さん、母さん、姉さんとばあちゃん。脳の損傷のせいでがりがりにやせた体に大頭と巨大な手足、かっこ悪い黒めがね。今も発作の心配を抱え、吃音もある。保留地ではみんなから「アホ」とぶちのめされ、いつも家で本を読み、マンガを描いて過ごしてきた。だからマンガが得意。そんなオレの人生が大きく変わる。ハイスクールのP先生に勧められて保留地の外にある白人が通うリアダン校に転校することにしたのだ。

ハイスクールでは白人の生徒から無視され、「酋長」などと悪口を言われる。保留地でも裏切り者と見なされ、「リンゴ」と呼ぶヤツもいる。外側は赤いけど中身は白いという意味だ。ずっと一緒に過ごしてきた親友、ラウディとも疎遠になってしまった。白人の町と保留地を往復する自分がどちらの場所でも異邦人であると感じ、葛藤しながらも、リアダン校で出会った天才少年ゴーディ、過食症の美しいペネロピー、デカ物ロジャーと友だちになっていく。

「こっちが少し心をひらけば、すばらしい出会いがあるかもしれないって、ことだよね」

貧困と閉塞状況のなかで生きるインディアンの厳しい現実が胸を衝く。ガソリン代がない、車が故障、父さんが二日酔いのとき、オレは35キロの道のりをヒッチハイクか徒歩で学校まで通う。貧乏でいちばんつらいのは、自分の夢を諦め、インディアンだからバカでみっともない、貧乏で当然だと信じてしまうことだ。14歳で42回の葬式に参列した。死因の90パーセントが酒に関係している。保留地は死を定められた収容所、多くのインディアンは酒におぼれ自殺への道を歩んでいるのだ。

しかし本書は、おもしろくて魅力あふれる物語だ。つらい現実のなかでもインディアンは「笑い方だけは知っている」という独特のユーモア。マンガやイラストも効いている。インディアンであることを卑下し、白人びいきになるのではなく、インディアンのいいところを再確認していく主人公の姿が印象的である。一番は、ばあちゃんが伝えてくれた風変わりな存在を許す寛容な心、インディアン精神。インディアンと白人、風変わりな存在や異質な存在を排除するのではなく、お互いを理解し認め合っていくという本書のメッセージは、今なお私たちの心に強く訴えかける。

本書は2007年全米図書賞（児童文学部門）、2008年ボストングローブ・ホーンブック賞など、多数の賞を受賞し、ニューヨークタイムズ・ベストセラー連続34週ランクイン、世界各国の若い人々に熱狂的に受け入れられたという。それは、読者が本書から困難やお互いの壁を乗り越えていくパワーとメッセージを受け取ったからではないだろうか。

原題は、*The Absolutely True Diary of A Part-time Indian.*

（鈴木佐喜子）

追記

作者のシャーマン・アレクシーは、詩人、小説家、脚本家、映画監督。

物語

家なき鳥

グロリア・ウィーラン　代田亜香子 訳
白水Uブックス　2007年　177p
〈初版〉白水社　2001年　176p
中学生～

キーワード　インド　児童婚　未亡人

未亡人となったインドの少女の物語

本書は、13歳でお嫁に行き、未亡人となった少女の物語である。ほとんど知ることのなかったインドの少女を取り巻く現実を少女の成長とともに描き出し、インドの社会、文化への関心を喚起する作品である。

少女コリーは、会ったこともない相手、ハリと結婚する。一家の暮らしは貧しく、コリーが家を出れば家族の食べ物が増えるからだ。しかしこの結婚は、結核で死にかけているハリをバラナシに連れていくための持参金目当てのものだった。ガンジス川の癒しの力が最後の望みだったが、ハリは死に、未亡人となったコリーは、姑(しゅうとめ)にいじめられ続け、舅(しゅうと)が死ぬと未亡人の街に置き去りにされてしまう。

幼い年齢での結婚。未亡人は恥、不吉と婚家で疎まれ、実家にももどれず一生、未亡人の白いサリーを着て過ごす。未亡人の街では、置き去りにされた多くの未亡人が、寺でチャント（詠唱）を唱えて食べ物をもらい、歩道で眠る。路上生活をする未亡人を保護し、仕事を見つけて自立した生活を送れるように援助する「未亡人の家」。

本書に登場する女性の多くは、貧しく、女性であるがゆえに教育を受けることができず、文字も読めないが、小姑シャンドラはコンピュータの仕事をする男性と結婚し豊かな生活を送る。インド社会の多様な現実が印象に残った。

「あたしをほしがっている人がいる」「マーのおさがりのぼろぼろのサリーじゃなくて、

自分のサリーが着られるようになる」と結婚を待ち望むようになるコリー。「ほしかったのはあたしじゃなくて、お金」、持参金だったとわかったときの失望と腹立ち。それでもなお、ガンジス川がハリの病気を治してくれるなら私たちの結婚も悪くないと思い返す。コリーの少女らしい夢や素直な優しさに、厳しい現実のひどさがいっそう、強く刻み込まれる。銀のイアリングを姑に取り上げられないようにレンガの裏に隠す。横取りされた未亡人年金を自分が受け取る方法を役所に調べに行く。いたずらをして姑の意地悪に抵抗する。舅に文字を教えてもらい、洗濯のときに隠れて本を読む。読後感が重苦しくならないのは、少女が希望を失わず、厳しい現実を生き抜く知恵とたくましさを備え、人生を切り開いていくからだ。

縦糸のように織り込まれたタゴールの詩「家なき鳥」、人生の節目で思いを込めて綴りコリーの生活の糧となるキルト刺繡、生活に密着した川の美しい描写が、物語に奥行きを与えている。

「現代のインドの社会を映した物語で、出てくる地名は未亡人の街ヴリンダーヴァンをふくめ、すべて実在のもの」(訳者あとがき)であるという。インドでは日本よりもはるかに多くの女性が大学の教員や議員として活躍しており、インドは「新しいところ、そして、古いところ、西欧的なもの、東洋的なもの、古代と近代、豊かさと貧困、あらゆるものが混在」した国であるという(鳥居千代香『インド女性学入門』新水社)。多様な面を併せもつインドの一つの現実としてこの物語を受けとめたい。

(鈴木佐喜子)

追記

グロリア・ウィーランは、アメリカ在住。本書で第51回全米図書賞(2000年)を受賞した。

物語

風をつむぐ少年

ポール・フライシュマン　片岡しのぶ 訳
あすなろ書房　1999年　208p
中学生〜

キーワード　少年犯罪　加害　償い　赦(ゆる)し

加害少年が償う人形づくりの旅

これは飲酒運転による過失致死により人を死なせてしまった少年が、被害者の死を悼み罪の重さを知るまでの過程を描いた作品だ。

金持ちばかりの私立校に転校してきた16歳のブレントは、学校の友だちのパーティーに誘われた。今までよりランクが上の集団にデビューするために、ファッションにも、何に興味関心を示すかにも気を遣った。しかし、おそらく彼を笑いものにすることが初めから仕組まれていたそのパーティーで、場違いな服装であることを思い知らされ、気にかけていた女の子に衆目のなかで邪険にされてしまう。屈辱に耐えきれずパーティーを飛び出したブレントは、飲酒運転で車を走らせ、もはや学校で笑いものにされるだけの自分の運命を察知して、自殺するつもりで事故を起こす。ところが、彼は軽傷のうえ、たまたま路上を歩いていただけの18歳の女子高生をひき殺してしまった。

保護観察処分になった彼に被害者の母親が面接を申し出る。彼女は娘を産んだフィリピンで「目には目をの仕返しがどんなものか、フィリピン政府と反対勢力の抗争でいやというほど見てきました」と言う。そして、ブレントへの報復を望まない代わりに、アメリカの四隅（ワシントン州、カリフォルニア州、フロリダ州、メイン州）に、娘リーの顔をした風で動く人形を立ててほしいと要求する。リーの母親から1か月半有効の長距離バスのパスをもらい、両親の反対を振りきってブレントは人形づくりの旅に出る。

一人旅も木工も初めてのブレントは、工具と風で動く人形の作り方の本を背負って不案内な土地に出かける。孤独なバスの旅で、星座も花も何一つ知らない自分を知り、リーが生きている姿を想像し、これまで出会ったこともないタイプの人々と知り合い、見かけばかりを気にしていたのに、服装のことなどどうでもよくなっていく。初めは稚拙だった人形も、ブレントの精神と技の成熟によって巧みさを増していった。

この物語はブレントの人形づくりの旅と、数年後その四つの人形がそれぞれの場で別な人々の人生に意味合いをもたせたことを示すエピソードが交差してくり広げられる。章が変わると突然まったく異なる話の展開に、初めはとまどい読みにくさを感じさせる。しかし、読み進めるうちにブレントが人形を立てた場所で、まったく彼の知らない人々が、その人形に自分の物語を重ねて生きていることがわかってくる。

ブレントは四つめの人形を立てた場所で知り合った女性に初めて自分の罪をうち明ける。そしてそこで、彼は赦しを与えられる。

実際の犯罪被害者の遺族が読んだら、加害者に都合のいい物語に思えるかもしれない。読後の心地よさは、被害者からも加害者からも距離を置いているからなのだろうか。加害者への憎悪をリーの母親はどう乗り越えたのか、もっとその葛藤を描いてもいいのではないかとも思う。しかし、自分の娘を殺されたとき、リーの母親のようになれるかと問われたら、そうでありたいと答えたい。こうした物語を読み継いでいく「経験」に未来の可能性を信じたい。

（片岡洋子）

物語

ゾウの王パパ・テンボ

エリック・キャンベル 作
さくまゆみこ 訳　有明睦五郎 挿画
徳間書店　2000年　248p
小学校高学年～

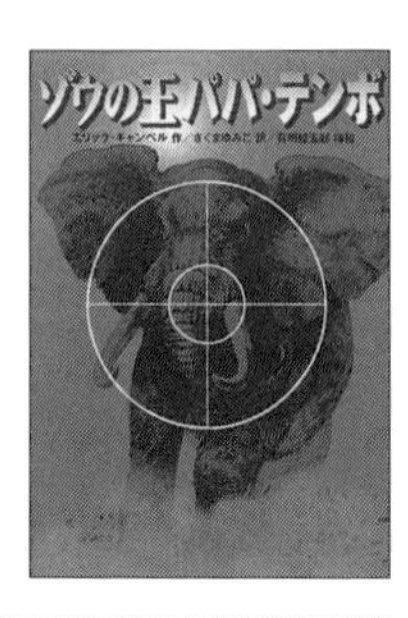

キーワード　アフリカ　タンザニア　密猟　象牙密売人

象牙密売人とゾウとの壮大な物語

50年ほど昔にさかのぼる。タンザニアの広大なサバンナで一つの悲痛な出来事があった。20頭ほどの象の群れが水飲み場で遊びに興じていたとき、密猟者たちが群れを囲み一斉に銃弾を浴びせた。平穏な風景は一瞬にして血生ぐさい修羅場と化した。小象が1頭だけ、本能に導かれるように必死に逃げた。そのとき、小象にはじき飛ばされた1人の男がいた。男は右足にひどい損傷を負った。

小象はやがて「パパ・テンボ」と呼ばれ、地元民からも恐れられるほどの巨象となった。そして、母も仲間も失ったテンボは、あのときの光景を一時も忘れることはなかった。一方、小象に傷つけられた男、ヴァン・デル・ヴェルは、70歳になった今も、残忍な象牙密売人として君臨していた。象牙を採ることは復讐(ふくしゅう)であり、象を殺すことにひとかけらの痛みももっていなかった。なかでも自分を傷つけたパパ・テンボを倒すことに異常な執念を燃やし続けていた。

この二つの記憶から立ち上がる物語を縦糸にしながらアフリカの今が語られていく。ニューヨークに住むハイラムは、5年前のアフリカ旅行以来、密猟に対して深い関心をもっていた。そんな彼が偶然、ニューヨークでの象牙の密輸をかぎつける。その密売人が、タンザニアのヴァン・デル・ヴェルという男だと知って、1人アフリカに乗り込む。現地のガイド、マイクと運転手のペニーとともにヴェルの行方を追う。

時を同じくして、象の生態を調査していたイギリス人の科学者ジョン・ブレイクと息子のマット、娘のアリソンの一家がいた。ある日一家は、観察していた群れの1頭が密猟のわなにかかり、瀕死(ひんし)の状態の場面に遭遇する。仲間が危機にあるとき、どこからともなく現れる幻の巨象パパ・テンボ。しかし、彼の力をもってしてもわなは外れない。危険も顧みずアリソンは、自らの手でわなを解く。そのとき、アリソンとテンボは心を通わせる…。

業を煮やしたヴェルは、テンボをおびき寄せるために、象の群れを追い込み、まわりから火を放つという残酷なわなを張る。それは、ハイラムたちがヴェルたちの隠れ家を突き止めた日でもあった。そして、象の行動の異常さに気づいたアリソンたちも現場に駆けつける…。軽快で歯切れのよい文章は、重いテーマを通底させながらもぐいぐい読者をひきつけていく。それまで緻密に張りめぐらされた伏線が一挙に絡み合って迫力ある終末を迎える構成力はみごとだ。太古の昔から人間に関わりをもちながら、その生態は不可思議で今なお、謎の多い象。しかも、日本人の生活にもなじみ深い象牙は、乱獲を重ねた。人間の欲望が絶滅の危機にまで追い詰めてしまったという警鐘を、各章の最初にさまざまな人の警句として織り込みながら（そのことばがその章の内容と深く関わっている）人間と象との壮大なスケールの物語は哀しくもさわやかな読後感を残す。

それにしても、100年以上前に書かれたコンラッドの『闇の奥』。人間の欲望に破壊された象牙商人クルツの悲劇がそのままに、今も続くアフリカの現実は重い。（川上蓉子）

7

ことばを楽しむ

目で見たり声に出すだけでなく、
聞いてくれる人の反応も期待しながら読める、
すぐれた詩や短歌がある。

リズミカルなことばの並びや、
独特な擬声語・擬態語でどう表現するかを考えるのも、おもしろい。
読み聞かせたとき、子どもたちはどんな驚きを見せるだろうか。

それを想像するのも楽しみだが、
私たちおとながかつて学んだ詩歌を鮮やかな絵とともに味わってみるのも、
ひそやかな喜びとなるにちがいない。

絵本

あつまる アニマル

ブライアン・ワイルドスミス 作
アーサー・ビナード 訳
講談社　2008年　48p
幼児〜

キーワード　生き物　群れ　オノマトペ

この絵本には、ライオン、タツノオトシゴ、キリン、白鳥、キツネ、カバ、鷺、メカジキ、手長猿、カンガルー、ニジハギ、虎、トビウオ、熊、オウム、モロコ、フクロウ、ハリネズミ、カワウソ、鱒、ペンギン、エンゼルフィッシュ、トナカイ、アライグマ、七面鳥、ヒョウ、象、ビーバー、リスと、本文に29種類、とびら裏の鳥とサイも含めると31種類の生き物が登場する。見開き1ページあるいは片面1ページごとに原則1種類の生き物が群れで描かれている。

この絵本の魅力のひとつは、ブライアン・ワイルドスミスの描く色彩豊かな、動きを感じる絵である。あたかも私自身が生き物たちと同じ草原や海辺にいるかのように、空気や風、温度を感じる。しかも、生き物たちは迫力ある姿だけでなく、眼や体の動きに表情があってユーモアさえ感じ、見ているうちに、絵のなかの生き物たちが自分たちのことばで何やら言い合いながら動き始める。子どもたちはこの絵を見て、「こっちを見てるよ」「一緒に遊ぼうって言ってる」「雪だ、雪だって喜んで羽をパタパタさせてるね」などと言い、動きを感じ生き物の気持ちを想像する。

もうひとつの魅力は、詩人アーサー・ビナードの訳のすばらしさである。「ライオンたちは　ごろごろごろ　がおおーっと　あつまる」「キリンたちは　すらりすらり　ずんずーんと　あつまる」「クマたちは　のしのし　のそりのそっと　あつまる」という具合に、群れの生き物たちがいかにもその生き物らしく集まってくるようすがわかる。ビナードの擬音語・擬態語が、ワイルドスミスの描く生き物の姿とピタリと合っている。この文によって、絵の生き物たちはいっそう生き生きと動き出す。

ビナードは、この翻訳に取りかかったとき、英語の原文では生き物の集まった状態をバラエティーに富んだ単語で表現していておもしろかったのに、日本語にするとどれも「群れ」になってしまうことに気づいた。英文をそのまま訳すと「ライオンの群れ」「キリンの群れ」になってしまうという。私も辞書を引きながら英文を読んでみたが、「群れ」「軍団」「小艦隊」「集団」という程度の違いにはたどりつけたものの、これではワイルドスミスの絵の生き物たちの動きや表情の魅力は感じられないと思った。

ビナードが試みたのは、絵の向こうの本物の生き物たちを考え、「南極から北極まで、みんなそれぞれの暮らしのなか、あつまって確かめ合って、輝いています。そんなところから出発して、日本語をつむぎだし」、「あつまる」という動詞の力を借り、さらに日本語ならではの多彩な擬音語・擬態語を使って翻訳することだったという（ＮＨＫ解説委員室ブログ、２００９年4月27日「視点・論点」より）。

声を出してビナードの文を読むと、彼の創り出したオノマトペの豊かさを満喫できる。子どもたちに読んだら、今まで聞いたことのない表現に「アレッ」という顔をしたが、くり返して読むと、すぐにマネして唱え出し楽しい合唱になった。幼児にはちょっと長いのが残念だ。

（田代康子）

絵本

めくってびっくり短歌絵本　全5巻

穂村 弘 編
岩崎書店　2006-2007年　60p
小学校高学年〜

キーワード　短歌　解釈の幅の広さ　擬音の楽しみ

絵本で短歌を楽しもう!

短歌って、こんなにいろいろな世界を歌っているんだ、と驚き発見できる絵本のシリーズがおもしろい。

「一回のオシッコに甕(かめ)一杯の水流す水洗便所オソロシ」(奥村晃／第1巻)をもし文字だけで読んでいたら「ああ本当に言えてるわねぇ」程度にしか思わないだろうけれど、右ページの倍の大きさの紙が折り込みになっている左ページを開いてびっくり。流れる水の猛烈な勢いで噴射しながら宇宙に飛び立った洋式便器と、その横で地球をはるかにして遊泳する人間の姿が描かれている。そして編者のちょっとしたコメント「僕の『オシッコ』はコップに半分くらいなのに、こんなにたくさんの水が流れちゃうなんてなんだかこわいなあ。」がある。思わず笑いが込み上げるし、なるほどとうなずいてしまう。

「急行を待つ行列のうしろでは『オランウータン食べられますか』」(大滝和子／第4巻)。そうそう、おなかがすいているときには、耳に飛び込んでくることばがすべて食べ物に聞こえたりするものだ。お子様ランチのプレートの上にライオンが乗っかっている「ライオンライス」やヘビが麺に見立てられた「ヘビ焼きそば」の絵などもタッチがかわいらしいので、あるはずのない食べ物の絵が少しもグロテスクではなく、いつまでも開いて見ていたい。

「たとへば君　ガサッと落葉すくふやうに私をさらって行ってはくれぬか」(河野裕子／

シリーズ

めくってびっくり短歌絵本 全5巻

1 **そこにいますか 日常の短歌** 西村敏雄 絵
2 **サキサキ オノマトペの短歌** 高畠那生 絵
3 **君になりたい 恋の短歌** 後藤貴志 絵
4 **ぺったんぺったん白鳥がくる 動物の短歌** 青山明弘 絵
5 **納豆の大ドンブリ 家族の短歌** 寺門孝之 絵

第2巻）など、どんなにロマンティックな絵が登場するかと思いきや、オーバーオールの作業服を身につけ、ほうきとちりとりで枯葉を集める男性が描かれてあって、意表をつかれる。う〜ん、こうきたか。

「恋」「家族」「動物」などのテーマ別に14首ずつ選ばれており、絵を担当する画家も1冊ずつ違うので、5巻それぞれが独立した個性的な仕上がりになっている。歌も石川啄木や斎藤茂吉から、あまり経歴の知られていない現代歌人の作まで網羅されていて、短歌を紹介する本であると同時に、一首一首の解釈の幅の広さに絵の描き手たちが挑戦している本でもある。

私は中でも「オノマトペ」の巻（絵・高畠那生）を楽しんだ。「君かへす朝の舗石（しきいし）さくさくと雪よ林檎の香のごとくふれ」（北原白秋）は、授業で扱うときっと隣家の人妻と恋に落ち、姦通罪（かんつうざい）で訴えられて拘置所にいた白秋の話などしてしまうにちがいないけれど、解説にはよけいなことが書かれていない。読者の解釈にゆだねられており、絵も雪の中をブーツを履いて胸を張りカツカツという感じで歩いていく潔い女性の姿だ。「べくべからべくべかりべしべきべけれすずかけ並木来る鼓笛隊」（永井陽子）など、リズミカルな小太鼓の音まで聞こえてくるようだ。「痩せようとふるいたたせるわけでもなく微妙だから言うなポッチャリって」（脇川飛鳥）。なるほど「微妙」ってこう使うのね。

歌人である編者・穂村弘は、短歌が人を感動させるためには「共感と驚異」が必要だと説く。そのふたつの要素にあふれた、すぐれた絵本である。

（石井郁子）

詩・ことばあそび

しゃべる詩 あそぶ詩 きこえる詩

1995年　160p

みえる詩 あそぶ詩 きこえる詩

1997年　168p

はせみつこ 編　**飯野和好** 絵

冨山房　幼児〜

キーワード　詩　声　からだ　ことば・パフォーマンス

ことばの魔術師、声でからだで詩をあそぶ

「おいしいことばがい〜っぱい!」「しゃべってもいいし　うたってもいいし　おどってもいいし…　もしかしたら　なんにもしないで　心にしまってしまってもいい詩」――帯のことばです。プロフィールには、劇団四季、ことばあそびの会を経て、…詩やことばあそびをステージ構成し、表現する「ことば・パフォーマンス」のジャンルを確立とあります。この「ことば・パフォーマンス」、ことばあそびのひとり芝居とでも言えばよいでしょうか。ピエロのような装いのはせみつこさんが、詩をからだ中で演じ、早口ことばあり、音と音楽の効果も堪能でき、それまでの詩・ことばあそび・舞台作品というイメージを超えるさまざまな表情をもったことばたちに出会えるステージです。

上の2冊は、はせさんの「スーパーことば芸」の蓄積のなかから編まれた詩やことばあそびの本です。だから、ひとりで黙ってただ目で読むというより、声に出し聞き合う人たちがいてこそ、本当におもしろいと感じられる本なのです。でも、この本のすごいのは、はせさんのからだの力を借りなくても、独立した魅力をもっていること。

谷川俊太郎、川崎洋、まど・みちお、工藤直子など、すでに子どもたちにもなじみのある詩人たちの作品とのほっとするような再会もあります。が、北原白秋、室生犀星、与謝野晶子、萩原朔太郎、ねじめ正一などの知らなかった横顔をのぞく驚きもあります。

この本たちには、日本の近現代の詩人たちの作品のいちばんおいしいところをつまみ

追記

2012年、はせみつこさん死去。2015年、はせみつこ編として『おどる詩 あそぶ詩 きこえる詩』が冨山房インターナショナルより刊行。飯野和好さんのイラストは、より鮮やかに。

食いするようなうまみが詰まっているのです。逆に言えば、これまで私たちは、いかにつまらない詩とつまらない出会い方ばかりをさせられてきたかということ。そして、詩人たちとはせさんの仕事から、日本語ってすごい！ 日本語ってなんておもしろいんだろうと心底思い、この気持ちを日本語を学び始めたばかりの子どもたちとこそ、共有したいと思うのです。

さらにこの本の魅力と威力は、一篇一篇に添えられた飯野和好さんの絵を抜かしては語れません。各ページ黒ともう1色、やや抑えた色調の絵は、主張のある表情だったり暗示のあるシルエットだったりするのだけれど、それによって詩のイメージは時空を超えるようにふくらむのです。ここでは、詩と絵のイメージ喚起力は堂々二分し、心地よい調和と拮抗(きっこう)を生み出しています。『妖怪絵巻』(常光徹 文、童心社）などの妖怪ものを飯野さんの作風のひとつの達成と思っていましたが、この本のデザイン性の高い作品は、飯野さんのもうひとつの本領なのですね。

はせみつこさんは、わが家にとって恩人とも言える人でした。彼女がNHK教育テレビ「あいうえお」に「ぽえっとさん」としてご出演だった頃、小学校入学を迎えた娘は、毎朝学校に行きしぶり。そんな朝、はせさんのことばあそびCDをかけると、なんとなく気持ちが前向きに切り替わるようで、娘は私のあと押しを必要とせずに学校に向かうことができたのでした。はせさんのことば芸のもつエネルギーとからだに伝わるリズムは、こんな日常にも生きていたのです。ありがとうございました。

（三輪ほう子）

詩

詩ってなんだろう

谷川俊太郎

ちくま文庫　2007年　192p
〈初版〉筑摩書房　2001年　139p
小学校低学年～

キーワード　詩　声　文字　音　ことば

いきるちからをあたえてくれる、ふしぎなもの

「この本は、現行のいくつかの小学校国語教科書を読んで感じた私の危機感から出発しています。…その扱い方がばらばらで、日本の詩歌の時間的、空間的ひろがりを子どもたちにどう教えていけばいいかという方法論が見あたらないのです」（あとがき）――この本は、国語教育に対する当代切っての詩人からの21世紀冒頭の警告である。

「わらべうた」「もじがなくても」「いろはうた」から始まり、「あいうえお」「おとのあそびの詩」「はいく」「たんか」「ほんやく詩」…、思いもかけない広い枠組みで詩をとらえ、詩の歴史にもふれている。一つひとつの詩を引きながら、「おとだけでいみのないうたや詩がある。でもいみがなくとも、こえにはひとのこころをうごかすちからがある。もじにはおとがある、詩にはこえがある。」――簡潔でリズムのある詩のような谷川さんのガイドがはさみ込まれている。「いるかいるか／いないかいるか」で始まる自作「いるか」のあとには「…この詩のなかに、いるかがなんとういるかなんてことはかんがえなくていいんだよ。」と皮肉も効かせて。

いろいろな角度から詩を照らし出し紹介するとともに、詩のひとつの流れをも感じさせる構成である。最後は、凛（りん）とした深いことば。「…詩はいいけしきのように、わたしたちにいきるちからをあたえてくれる、ふしぎなもの。詩ってなんだろう、というといかけにこたえたひとは、せかいじゅうにまだひとりもいない」。

谷川さんのガイドには、いくつかのポイントがあると思う。

①詩は文字が生まれる前からあった。

声に出して耳で聞いて、からだ全体で詩を楽しもう。

②ふだんの暮らしのなかの歌やことば遊びが詩のすそ野。

すそ野から詩に入っていきたい。

③聞いてくれる相手、読んでくれる相手があって初めて詩は詩になる。

④好きな詩を見つけよう。自分の心のなかを見つめることも詩につながる。

心に浮かぶ子どもたちと詩の風景がある。子どもたちが好きな詩を暗誦しながらからだ中で演じる岩辺泰吏先生の詩のパフォーマンス。1行ずつ子どもたちと推理しながら読んでいく今泉博先生の詩の授業。その小学校の教室には、声があり、わくわくしながら自分でつくっていくことばの、仲間同士の共感の空間があった。現代の詩人の提起は、すでにこんなふうに受けとめられ、体感されてきたのではないかと思う。

『声に出して読みたい日本語』(齋藤孝、草思社、2001年)は、私には声に出して読むのは難しい。そのコンプレックスは、「おわりに」で違和感となった。ことば・声・身体性を共通のキーワードとし暗誦文化の価値を認めたうえでも、詩人と教育学者の提起には大きな隔たりがあるように感じる。「七十代」の人たちに残っている暗誦文化は、直立不動の教育勅語でもあったのではないか。私たちは、新しい自由な声とからだの文化をつくり出すときにいるのではないだろうか。

(三輪ほう子)

追記

さらに詩について考えたい人のために。

谷川俊太郎『詩に就いて』思潮社、2015年(あとがきより)

「詩も人間の活動である以上、詩以外のもろもろと無関係ではいられない。詩を生き生きさせるのは、言葉そのものであるとともに、無限の細部に恵まれたそのもろもろなのではないだろうか」

文芸

やさしいことばで日本国憲法

池田香代子 訳
C.ダグラス・ラミス 監修・解説
マガジンハウス 〈新装版〉2017年／〈初版〉2002年 112p
小学校中学年〜

キーワード 日本国憲法 英語 夢の子ども

息を合わせて…母親たちの群読

娘が小学校3年生の秋にたった1クラスから始まった学校での母親たちによるおはなし会は、あっという間に全学年に広がり、2003年春、娘たちは卒業を控えていた。読み聞かせはもちろん、ことばあそびもパネルシアターもアニマシオン風?ゲームもあり、英語もイタリア語もポルトガル語もあり…思いつくままだったとは言え、母親たちの創意とエネルギーに満ちた多彩なおはなし会の仕上げのときでもあった。

始業前の、朝のたった15分だけれど、卒業を控え凛（りん）として手渡す本がほしかった。そんなとき、『やさしいことばで日本国憲法』が目に止まった。これだ!と思った。5年生の2学期早々に9・11の衝撃を受けた子どもたちとは、すでに『せかいいちうつくしいぼくの村』や『世界がもし100人の村だったら』を読み合い、母親たちの総力をあげたテーマ「地雷」のおはなし会を共有していた。社会科の憲法の学習は6年生2学期に終えていた。

「日本国民は」で始まるものとばかり思っていた憲法前文は、この本で、いきなり「日本のわたしたちは（We, the Japanese people,）」と主語を突きつけ、憲法は他人事ではなくなり、「わたしたちは、主権は人びとのものだと高らかに宣言し、この憲法をさだめます」と揺るぎなく主張している。当然のことながら、日本国憲法の主語も主人公も「わたしたち」であるとの自覚は、さわやかな感動だった。「第9条 …国と国との争いを解決するために、武力で脅したり、それを使ったりしません。これからは、ずっと。」

主権者として育ちゆき世界に羽ばたく私たちの子どもに憲法を手渡そう。今、何よりもふさわしい――そう思った。どのように手渡すか。ひとりで朗読する自信はなかったし、母親たちみんなからのプレゼントとしたかった。考えあぐねた苦肉の策、群読。

事前に読む分担をし、当日朝8時図書室集合、1回きりのリハーサル。アメリカのブッシュ大統領は国連憲章を踏みにじり、イラクへの武力行使の最後通告をしたことが、朝のニュースとなっていた。息せき切って飛び込んできた母親のひと言、「まさか、この本がこんなにタイムリーになるなんて…」。世界情勢の緊張が私たちにも映った。

みんなで声をそろえるのに苦労していると、「ここで、ひと息吸いましょう」と、ピアニストのお母さんからの提案。息を合わせるとは、このことだったか。10人の母親が子どもたちの前に立った。いつもよりゆっくりはっきり低めの声で、息を吸って、息を合わせた。――しんとして終わった6年生の教室のその空間に、何かが残ったと思った。「第24条…結婚とは、当事者どうしがおなじ権利を持つことをふまえ、たがいに力をあわせて維持…」――夫に読ませたい。母親たちは口々に語り、晴れやかだった。

英文日本国憲法を訳した池田香代子さんは、この憲法がうたっているのは、戦争という大惨事に傷ついた人びとが、万感の思いをこめて未来へと託した夢であり、夢を託されたわたしたちは「夢の子ども」だと語っている。わが子に夢を託そうとする母親たちは、自らもまた「夢の子ども」であることに気づいていったのだと思う。（三輪ほう子）

参考

『せかいいちうつくしいぼくの村』
小林 豊、ポプラ社、1995年
『世界がもし100人の村だったら』
池田香代子 再話
C.ダグラス・ラミス 対訳
マガジンハウス、2001年

あとがき

新しい世界へのとびらをひらく

——石井郁子

この本を手に取ってくださったみなさんのなかには、子どもの頃にボロボロになるまで読んでもらった絵本や、何度も読み返した愛読書というものをお持ちの方がいらっしゃることでしょう。あるいは、思春期に読んで忘れられずに、引っ越しのたびに、大切な家具などとともに移動させた本がある人もいらっしゃるかもしれません。そういう本の魅力は、いったいどういうところにあるのでしょうか。

みなさんや私たちが、子どもを育てたり生徒たちとかかわる仕事をしているときに、「ぜひ子どもに読ませたい」「おもしろく感動する本を手渡したい」と思うことはしばしばあります。この本は、幼児期から高校生まで、それぞれの成長過程にふさわしい、お勧めの作品を紹介した本です。6人のメンバーが35年余り毎月の例会の際に選んできた課題の本の選択基準はいくつかあります。

・子どもによく読まれている本
・子どもが主人公の本
・子どもたちにぜひ読んでほしい本
・子どもとおとなとのかかわりが描かれている本

こう列挙すると、月刊誌『教育』（教育科学研究会編集）に「子どもと本」というテーマで連載していたのだから、あたりまえではないかと思われるかもしれません。その通りです。しかし、そこにもう一つ加える要素があります。

・子どもたちが新しい世界を知り、おとなの世界も広がっていき、
　今をそして明日を考えることができる本

特に、「おとなの世界も」というところが、ポイントです。そして、この本自体は、おとなの方々に向けて書かれています。

ところで、最初に書いた「愛読書」「愛蔵書」ともいうべきものは、どういう本なのでしょう。ここでは文筆を生業としている方の分析をお借りしたいと思います。実は、毎月の例会の際に、課

題の本以外の話で盛り上がることがたびたびありました。社会情勢や映画の話題もあったのですが、本のことだけで言えば、池波正太郎とか藤沢周平のファンもいます。これらの作品は、先の基準にほとんど合致しないため、課題の本として取り上げられることはないのですが、同じくそういう作家のひとりである田辺聖子は自身の著作のなかで、彼女の得意分野「恋愛小説」について次のようなことを書いています。

「私は恋愛小説は、永久に手もとに置いときたいと思うような本でないと、恋愛小説と呼べない、と考えている。そのためには、二つの要素をもたねばならない。一つはアフォリズムのあること。（中略）私はアフォリズムを、『ある発見』と私流に訳している。ある発見と自己流の定義、（中略）何年もたって、忘れていたその本を手にとり、なつかしくページを繰るうちに（おお　ほんとにそうだとうなずくようであれば、それはその人にとっては真理となったのである」「もう一つの要素は、その主人公が変貌してゆくこと、である」（『猫なで日記　私の創作ノート』集英社文庫、1991年）

おとなの恋愛小説も児童書も、魅力の中心要素は同じなのですね。私たち6人のメンバーは、ここでご紹介した本の大半のものを通して、「ああ、そうだ」「そういうことだったのか」と共感したり発見したりするものがありました。同時に、とりわけ児童書やヤングアダルトといわれるもののなかに、主人公が成長していく過程を味わえる作品がいくつもありました。読み直して、また発見がある。何度も何度も読みたいと思う。読み終わるのがもったいないと思われるほど、共感に満ちあふれている。そんな本をご紹介できているのなら、幸いです。

本書をつくる企画を検討している時期の２０１７年から１８年にかけて、『漫画 君たちはどう生きるか』（原作 吉野源三郎、漫画 羽賀翔一、マガジンハウス、２０１７年8月）の大ブームが起きました。１９３７年に刊行された「日本少国民文庫」（新潮社）の1冊を原作に出版された漫画が爆発的に売れたのです。久しぶりの出版界の驚きとも思われるこの現象については、すでにいくつもの考察が出ていますので、特に言及はしません。

むしろ、このブームに関連した本や雑誌などを調べているなかで出会った、梨木香歩『僕は、そして僕たちはどう生きるか』（岩波現代文庫、２０１５年）について、少しふれたいと思います。この単行本は２０１１年に、理論社から単行本として刊行されていますが、すでにその数年前に理論社のウェブマガジンで発表されていた（２００７〜０９年）ということを私はまったく知りませんでした。２０１１年と言えば、私たちは地震・津波や原発関係の本を追いかけ、1年のほとんどをそれに費やしていたと思いますが、その間に題名からしていかにも吉野源三郎作品への挑戦をにおわす本が、登場していたのです。

「僕」として登場する人物は、中学生でコペルというあだなの少年です。コペルはオジサンの仕事である染色の材料を探しに、広い庭を持つ親友ユージンの家に出かけます。実はユージンは小学校の最後の頃からときどき学校を休むようになり、その後ほとんど登校しなくなっていたのです。そ

こでコペルは、ユージンの両親がそれぞれ新しい家族をもつようになったため、従姉妹の助けを借りながらひとりで生活していることを知ります。と同時に、ユージンが登校しなくなった直接の引き金となった出来事を知ります。

ユージンが大切にしていたニワトリを家庭の事情で飼えなくなったために学校へ連れて行ったところ、熱血漢の担任の突然の発案で、「食べ物はどこから来るか」を実際に理解するための材料として、そのニワトリが解体され、授業の教材にされたうえに、学校で食べるところまで行われたことだったのです。前々から準備されていた授業ではなく、「え？　え？」と驚いているうちに事はどんどん進んでしまったことを、コペルも思い出したのです。そのときに、ニワトリの飼い主であったユージンがどんなにつらかったかに思い至らなかったコペルは、親友を理解していなかったことも含めて深く省みるのです。

ほかにも、従姉妹の友人が性被害にあった事情を詳しく知るに及んで、「自分が男だってことにまで、罪悪感をもってしまうほど」の衝撃を受ける経験もします。

「大勢が声を揃えて一つのことをいっているようなとき、少しでも違和感があったなら、自分は何に引っ掛かっているのか、意識のライトを当てて明らかにする。自分が、足がかりにすべきはそこだ。自分基準で『自分』をつくっていくんだ。他人の『普通』は、そこには関係ない」

このコペルの明確な決意は、そのまま作者・梨木香歩の『君たちはどう生きるか』への返答でもあります。

『漫画 君たちはどう生きるか』と梨木のこの著作の出現は、吉野の『君たちはどう生きるか』以来数十年という時を経て、児童書というジャンルのなかで、壮大なキャッチボールが、いやボールの往復はないので大きなボールの投げ返しが、二つも行われたということです。時を超えてつくり直す、投げ返すというのは、なんとダイナミックで果敢な試みでしょうか。

著作で応えるなど、私たち一般の人間にはなかなかできないことですが、「ある発見」をあるいは「世界が広がった」という実感を、時を超えて大切にはぐくみ何かの形に結実できるなら、ぞくぞくするくらい楽しい行いにちがいないことでしょう。

6人のメンバーが高齢化し、半数以上が子どもや生徒・学生のいる現場から離れることとなったため、例会と連載は終了することになりました。ここでご紹介する本や、巻末の35年間の例会で扱った作品一覧などのなかから、「ある発見」や「世界が広がった」という実感の芽を見つけていただけたとしたら、この上ない幸せです。

コロナ禍、記録的な猛暑の8月に

刊行に寄せて

今、「ともに生きる」ということを子どもとおとなで考えあうために

――田中孝彦

1 本書とその執筆をした人々

この『子どもの本から世界を見る』(以下「本書」と記す)は、月刊誌『教育』(教育科学研究会編集)の1990年11月号から2018年3月号までの、「子どもと本」欄に掲載された紹介・批評のうちの84の文章、それに今回の出版にあたって新たに執筆された四つの文章を加えて、まとめられました。なお、『教育』の「子どもと本」欄は、1983年1月号から始まりましたが、それから1988年12月号までの72回の紹介・批評は、『子どもの本の新しい読みかた』(大月書店、1989年)としてまとめられ、すでに出版されています。

この欄の執筆を担当してきたのは、石井郁子(元高等学校国語科教師)、片岡洋子(教育研究者)、

川上蓉子（元図書館司書）、鈴木佐喜子（保育研究者）、田代康子（絵本と子ども研究者）、三輪ほう子（家庭文庫主宰）の6人の人たちです。これらの人たちは、35年余にわたって、ほぼ毎月会合を持ち、紹介・批評する本を選び、それについて感想を交わしながら、分担執筆を続けてきました。本書の編集に関わる作業（収録する文章の選択、章の構成、タイトルの検討など）も、この人たちによって行われました。

私は、子ども思想・臨床教育学の研究を仕事としてきましたが、1982年末からの2年余りのあいだ、『教育』の編集長を務めたことがあり、「子どもと本」欄の開設に関わり、前記の人たちにその執筆担当をお願いしました。その後は、読者のひとりとしてこの欄を読み続けてきて、子どもの本についての紹介・批評のこうした共同の試みが、これほど長期にわたって継続されるのは、稀なことではないかという思いを強くしながら、現在にいたっています。

2 子どもとおとなが「ともに生きる」ことへの関心

本書の「1 絵本で哲学」には、「コロンビアのろばのとしょかん」という文章が収められています。そこでは、『ろばのとしょかん――コロンビアでほんとうにあったおはなし』（文と絵 ジャネット・ウィンター、訳 福本友美子、集英社、2011年）と、『こないかな、ロバのとしょかん』（文 モニカ・ブラウン、絵 ジョン・パッラ、訳 斉藤規、新日本出版社、2012年）の2冊が、紹介・批評されて

います。1冊目の本には、南米のコロンビアで小学校教師をしていたことがあるルイス・ソリアノさんのことが描かれています。ソリアノさんは、本がわずかしかない地域の子どもたちに、ロバの背中に本を載せて届け続けています。2冊目には、ソリアノさんとロバがやってくるのを心待ちにする、女の子のアナのことが描かれています。

とくに2冊目の本について、評者は、次のように紹介しています。

「ある日、…2頭のロバで本を運ぶ男の人がやってきました。…『おじさんとロバのおはなしはないの?』、アナがたずねると、『きみが　かいたら?』。/おじさんが帰ってしまい、ロバのとしょかんが懐かしくてたまらないアナは、自分でお話を書きました。…やっとおじさんがやってきて、すばらしい!!と、アナの書いたお話を子どもたちに聞かせました。アナの書いた本は、ロバの背中にしっかりと結ばれ、別の子どもたちに届けられるのです」

そして、この文章の最後には、評者の次のことばが添えられていました。

「なんてすてきな女の子とおじさんが、コロンビアにはいるのでしょう!…本は人から人へ手渡されるものであることが、しみじみ思い起こされます」

おとなが子どものために本を創り、それを子どもに届けようとする。子どもが、それを読みたいと思い、読んで感じたことを他の子どもやおとなに伝えたいと思う。自分でお話と本を創ろうとする子どももいる。…それは、まさに、子どもたちとおとなたちが、ともに生きあおうとする行為ではないだろうか。そう感じながら、私は、この紹介・批評を読みました。

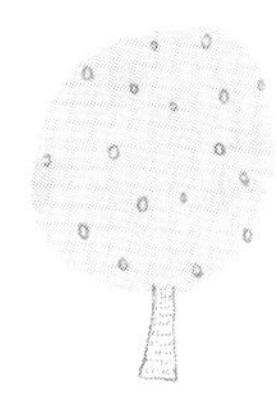

今、私は、子どもとおとながともに生きあう姿に関心を向けるということは、35年余りにも及ぶ紹介・批評の積み重ねの過程で、6人の「子どもと本」欄の執筆者のあいだで、共有され深めあわれてきた思想とも言えるものではないかと、改めて感じているところです。

本書が、「0ともに生きる」から始まるのも、そのことの表れであるように思われます。

3 『漫画 君たちはどう生きるか』が話題となる日本社会で

日本の社会では、2017年8月に、『漫画 君たちはどう生きるか』（原作 吉野源三郎、漫画 羽賀翔一、マガジンハウス）が出版され、2018年度のベストセラーとなりました。それをきっかけに、原著『君たちはどう生きるか』（新潮社、1937年）を読み直す動きも起こりました。

自分自身のことになりますが、私は、1960年代末から70年代末までの10年ほどのあいだ、戦前の日本でヒューマニズムと科学的精神を結びつけて生きようとした人々が、どのような子ども思想を形成してきたかを確かめたいと思い、『君たちはどう生きるか』とその著者・吉野源三郎のことを調べていたことがあります。そして、80年代の初頭に、吉野の『君たちはどう生きるか』についてのふり返りを含んだ「子どもとの対話――発達研究の条件」という論文をまとめました（『教育』1981年2月号）。

そこに、私は、子どもの人間的成長に関わって生きようとする場合、子どもとおとなの対話的関

係を深めることが重要であり、そのためには、おとなの側で、「同時代に生きる人間としての子どもへの共感」と、「おとなとは異なる子どもへの配慮」と、「次代の担い手としての子どもへの期待」とを結びあわせた心の働きを強めていくことが必要ではないか、という趣旨のことを記しました。

そして、とくに「次代の担い手としての子どもへの期待」という心の働きについて示唆を与える思想的遺産として、吉野の『君たちはどう生きるか』のなかの、中学生「コペルくん」とその「おじさん」との対話をふり返り、その意味を考えてみたことがあります。それを直接のきっかけとして、私は、『教育』誌上で「子どもと本」欄を新設し、子どものために創られた本の紹介・批評を積み重ねられないかと考えるようになったわけです。

また、「子どもと本」欄では、それが始まって間もない時期に、吉野『君たちはどう生きるか』が取り上げられたことがあります（「対話の経験として」『教育』１９８３年10月号）。

そこには、この本からは、「相手をとらえて離さない著者の真剣なまなざしが目に浮かんでくる。…微塵のごまかしもない著者の思いの強烈さが迫ってくる。」と記されていました。と同時に、「しかし、もし自分の身近にこんなおじさんがいたとしたら、とても気づまりでやりきれないような気がする。…いま、こんな対話を若者や子どもたちとの間に実際に成り立たせるのはとてもむずかしいだろう」という、評者の率直な感想が付け加えられていました。

それを読んだとき、私は、吉野が、『君たちはどう生きるか』を書いたのには、「思いつめたものがあった…。…あのときの…私の気持ちといえば、嵐の中で顔を伏せて耐えているようなものでし

た。…支えてくれているのは、ただいつかは…という未来への期待でした。…子どもへの期待というものも、私の場合、つぎの時代への期待だったのです…。」と語ったことがあったのを想い起こしました（「思想・文化・教育」聴き手・堀尾輝久『科学と思想』第４号、１９７２年４月、新日本出版社）。そして、その「思いつめたもの」を含めて、私は、『君たちはどう生きるか』という作品のもつ重い意味を感じたのだということを、改めてはっきりと意識しました。

と同時に、より若い世代の評者のこうした感想にふれて、まさに今日の日本の社会のなかで、同時代を生きる子どもたち自身の「どう生きるか」という問いに耳を傾け、それを聴きとり感じとる実践的・研究的試みを重ねながら、私自身の「子どもとの対話」の思想を深めていく必要を痛感したことを覚えています。

4 「生き方」への問いの発生とその熟成の過程への着目

『漫画 君たちはどう生きるか』がベストセラーになった２０１８年から19年にかけての時期は、本書の出版の相談が具体化していく時期でもありました。執筆者のあいだでも、自分たちが続けてきた子どもの本の紹介・批評を新たな1冊にまとめるにあたって、そうした動きとその意味を考えておく必要があるのではないかという問題意識が生まれ、そのことについての意見交換も行われました。

私は、先に記したような自分自身の関心と研究の経緯もありましたので、そうした会合の一つに、希望して参加させてもらったことがあります。その会合では、梨木香歩『僕は、そして僕たちはどう生きるか』（理論社、2011年／岩波現代文庫、2015年）と、安田夏菜の『むこう岸』（講談社、2018年）の、2冊の本のことが話題になりました。それは、本書の執筆者たちが、本書に収録されているような紹介・批評の積み重ねの過程で、共有し深めてきた問題関心・課題意識と、この2冊の本が提出している問題関心・課題意識とのあいだに、重なりがあると感じていることを示しているように、私には思われました。

梨木の本からは、タイトルそのものからも、またその主人公が「コペル」と名付けられていることからも、現在の日本社会に生きる著者が、1930年代の後半に書かれた吉野の『君たちはどう生きるか』という本を強く意識し、それを重いものとして受けとめながら著した作品であることが伝わってきます。そのうえでなお、これは、著者自身が、今の日本社会に生きるひとりの人間として、「僕（私）は、そして僕（私）たちはどう生きるか」という問いを軸として生きる必要があるのではないかと感じ、そうした思想的枠組みを、自分のために描き出そうとした作品と言えるのではないか…。私は、そのように感じ、それを私自身にとっても重要な問題であると感じながら読みました。

もう1冊の、安田の『むこう岸』（本書0章参照）のストーリーの大筋は、次のようなものです。医者の息子で、「進学私学」に入学したが「落ちこぼれ」て、公立中学校に転校することになっ

た「和真」。「和真」が転校した中学校の生徒で、父親を亡くし生活保護を受けて暮らす家族の一員であり、病いを抱えた母親と幼い妹の世話もしながら生きている、「樹希」。この本は、この男女2人の中学生の生活と内面を、交互に描くという仕方で展開していきます。

そこには、2人が日々の暮らしのなかで出会うことになる、次のような人々が登場します。ナイジェリア人の父親が失業し、施設に預けられ、口をきけなくなってしまった「アベル」。「和真」「樹希」「アベル」が出入りすることになる、カフェ「居場所」のマスター。樹希のクラスメートの「エマ」。「エマの叔父さん」で、福祉職として働いた経験をもつ社会学者。そして、それらの人々との結びつきが徐々に形づくられるなかで、曲折を経ながら自分の生き方を考えていく「樹希」と「和真」の2人の姿が描かれます。

ここでは、この本の最後の部分の、「樹希」の「和真」への語りと、それを受けて「和真」が自分自身に向けて綴ったことばを、引用しておきます。

〈樹希〉「この前…ケースワーカーに教わって『こども食堂』ってとこにも行った…。…そこで、大学の看護学部に通ってる人と知り合った…。…その人の家も、生活が苦しかったんだって。だからお金をかけずに勉強する方法、よく知ってるんだ。働きながら准看護師って資格をとってから、看護師になる方法とか。…今は奨学金とバイトでなんとか大学に通えてるって」「おまえはあたしとアベルに、いろんなことを教えてくれた。ややこしい制度を調べあげて、わかるように説明してくれた。…あたし、言ったよな。おまえみたいなやつが、この世にいてくれないと困るって！」

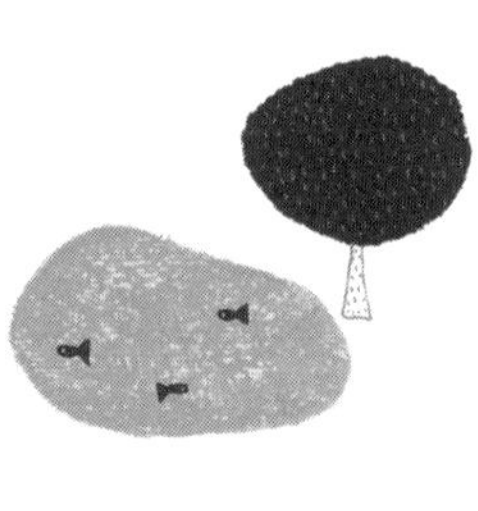

〈和真〉「その瞬間。／ぼくは、あのとき覚えた法律の条文を、…思いだした…。生活保護法第一章第二条／『すべて国民は、…この法律による保護を、無差別平等に受けることができる』…ぼくは、あのときあの文章を美しいと思った…。…ずっと父さんに言われるがまま、…高得点をとるため、小さな解答欄に学んだことを書き入れ続けてきた。その作業に疲れていた。／けれど、ぼくの知識や思考を、もっと大きな場所に向けて放っていくとしたら？」

私は、この『むこう岸』を、今日の日本社会の日常生活のなかで、子どもの側からの「僕たち」「私たち」は「どう生きるか」、「どういう質の関係を必要とするか」「どういう質の学習をしたいか」という問いの発生の必然性とその深化の可能性を、そして、その子どもたちの問いを感じとり受けとめながら生きようとするおとなたちの姿を描こうとした一つの試みとして読みました。

5　コロナ問題のなかで、子どもとおとなが世界について考えあうために

あまり単純に言うことはできませんが、私は、本書の6人の執筆者による子どもの本の紹介・批評の文章と、『僕は、そして僕たちはどう生きるか』『むこう岸』の2冊の本とに重なりあう問題関心・課題意識のおおよそを、次のように言い表してよいのではないかと感じています。

i　同時代を生きる子どもたちが発している「僕は、そして僕たちはどう生きるか」という問いを、感じとり受けとめる。

ii　子どもに「君たちはどう生きるか」を問うだけでなく、おとなが「自分たちはどう生きるか」を、子どもたちとともに考える一歩を踏み出す。

iii　そこから出発して、今、子どもたちが必要としている、生活の質、人間関係の質、学習の質についての考えを深めていく。

iv　そして、おとなと子どもが、「どう生きるか」を問いあいながら、ともに生きあう関係を、この社会のなかに、暮らしのなかから創り出していく。

新型コロナ問題が世界的な規模で長期化・深刻化する今日の状況の下で、『サピエンス全史（上・下）』（柴田裕之訳、河出書房新社、２０１６年）などの著者として知られるユヴァル・ノア・ハラリは、次のように述べています。

「もしこの感染症の大流行が人間の間の不和と不信を募らせるなら、それはこのウイルスにとって最大の勝利となるだろう。…対照的に、もしこの大流行からより緊密な国際協力が生じれば、それは新型コロナウイルスに対する勝利だけではなく、将来現れるあらゆる病原体に対しての勝利ともなることだろう」（アメリカ『TIME』誌、２０２０年3月15日）

人類史的な根本問題が問われているこのときに、本書は出版されることになりました。本書とそこに紹介・批評されている本が、「世界」のありかたを、子どもとおとなでともに考えあっていく手がかりの一つとして、読まれることを願っています。

２０２０年、戦後75年の夏に

年月	タイトル	著　者	出版社	掲載頁
8月	マップス　新・世界図絵	アレクサンドラ・ミジェリンスカ/ダニエル・ミジェリンスキ	徳間書店	30
9月	声の出ないぼくとマリさんの一週間	松本聰美：作　渡邊智子：絵	汐文社	144
10月	学校へ行けない僕と9人の先生	棚園正一	双葉社	80
11月	空へ	いとうみく	小峰書店	82
12月	リフカの旅	カレン・ヘス：作　伊藤比呂美／西更：訳	理論社	
2016				
1月	りゆうがあります	ヨシタケシンスケ	PHP 研究所	28
	りんごかもしれない／ぼくのニセモノをつくるには	ヨシタケシンスケ	ブロンズ新社	
2月	アルカーディのゴール	ユージン・イェルチン：作・絵　若林千鶴：訳	岩波書店	
3月	世界でいちばん貧しい大統領のスピーチ	くさばよしみ：編　中川学：絵	汐文社	170
4月	14歳の水平線	椰月美智子	双葉社	60
5月	Masato	岩城けい	集英社	78
6月	Wonder　ワンダー	R・J・パラシオ　中井はるの：訳	ほるぷ出版	20
7月	ヒトリコ	額賀澪	小学館	
8月	おいぼれミック	バリ・ライ　岡本さゆり：訳	あすなろ書房	
9月	レッド・フォックス　カナダの森のキツネ物語	チャールズ・G・D・ロバーツ：作　チャールズ・リビングストン・ブル：画　桂宥子：訳	福音館書店	
10月	ラミッツの旅　ロマの難民少年のものがたり	グニッラ・ルンドグレーン：作　きただいえりこ：訳	さ・え・ら書房	168
11月	ここで土になる	大西暢夫	アリス館	16
12月	生きる　劉連仁の物語	森越智子　谷口広樹：絵	童心社	
2017				
1月	花が咲くとき	乾ルカ	祥伝社	116
2月	チャレンジ　キッズスピーチ　1・2・3	フリー・ザ・チルドレン・ジャパン：編　柏村みね子：英語監修	大月書店	
3月	ペーパーボーイ	ヴィンス・ヴォーター：作　原田勝：訳	岩波書店	148
4月	エベレスト・ファイル　シェルパたちの山	マット・ディキンソン：作　原田勝：訳	小学館	166
5月	世界を7で数えたら	ホリー・ゴールドバーグ・スローン　三辺律子：訳	小学館	
6月	セカイの空がみえるまち	工藤純子	講談社	
7月	いろいろな性、いろいろな生きかた　全3巻	渡辺大輔：監修	ポプラ社	146
8月	世界の難民の子どもたち　全5巻	難民を助ける会：監修　アンディ・グリン：作　いわたかよこ：訳	ゆまに書房	24
9月	スピニー通りの秘密の絵	L．M．フィッツジェラルド　千葉茂樹：訳	あすなろ書房	114
10月	魔法の箱　トモダチがくれた宝物	ポール・グリフィン：作　池内恵：訳	WAVE出版	
11月	ナビラとマララ「対テロ戦争」に巻き込まれた二人の少女	宮田律	講談社	164
12月	3つ数えて走りだせ	エリック・ペッサン　平岡敦：訳	あすなろ書房	
2018				
1月	ジョージと秘密のメリッサ	アレックス・ジーノ　島村浩子：訳	偕成社	142
2月	根っこのえほん　全5巻	中野明正：編　根研究学会：協力	大月書店	56
3月	学校へいきたい！　世界の果てにはこんな通学路が！　全8巻	エディション・ナタン社（仏）：原書	六耀社	160
書き下ろし	おばあちゃんとバスにのって	マット・デ・ラ・ペーニャ：作　クリスチャン・ロビンソン：絵　石津ちひろ：訳	鈴木出版	10
	ぼくはイエローでホワイトで、ちょっとブルー	ブレイディみかこ	新潮社	12
	むこう岸	安田夏菜	講談社	14
	モレ村の子どもたち	黄哲暎：文　キム・セヒョン：画　波多野淑子：訳	新幹社	18

＊＝1983年1月号～1988年12月号掲載分は、『子どもの本の新しい読みかた』（大月書店、1989年）所収

【注記】①表記は、各書籍の表紙の記載を基本としています。

②「著者」には、著者・編者・監修者・対談者・訳者・画家などを含みます。

③「掲載頁」は、本書の本文に掲載されているページです。

④著者名・出版社名は、『教育』掲載当時。

⑤著者に「—」とあるのは、雑誌等やシリーズなどで編著者多数の場合等です。

⑥セット・シリーズなどの巻数は、断りのない限り『教育』掲載当時。

★本書制作にあたり、お力添えくださった出版社のみなさまに、
お礼申し上げます。

●イラスト　すがわらけいこ
●カバーデザイン　小林直子
●本文デザイン　青山　鮎
●もくじ・書籍一覧 DTP　東原賢治（新日本プロセス）
●編集協力　山田純子

子どもの本から世界をみる

子どもとおとなのブックガイド88

2020年9月30日　第1刷発行

著　者　石井郁子・片岡洋子・川上蓉子・鈴木佐喜子・
田代康子・三輪ほう子・田中孝彦

発行人　竹村正治
発行所　株式会社 かもがわ出版
〒602-8119 京都市上京区堀川通出水西入ル
TEL 075(432)2868　FAX 075(432)2869
ホームページ http://www.kamogawa.co.jp
印刷所　株式会社 光陽メディア

ISBN 978-4-7803-1095-5 C0037

プロフィール&★愛読する子どもの本

石井郁子◎いしい・いくこ

37年間、明治学院高等学校に国語科教師として勤務。クラブ顧問や学校行事で合唱と関わり、退職後の今でも卒業生とともにコーラスに親しんでいる。

★氷室冴子『いもうと物語』(新潮文庫、1994年)は、大好きな作品の一つ

片岡洋子◎かたおか・ようこ

1955年生まれ。1990年2月より2020年3月まで千葉大学教育学部で教員。2015年度から5年間の附属小学校の校長兼任中、図書館だよりの裏面で子どもの本の紹介をしてきた。

★子どもの本の愛読書は、きむらゆういち 作、あべ弘士 絵『完全版 あらしのよるに』講談社、2014年

川上蓉子◎かわかみ・ようこ

1942年生まれ(執筆者唯一の戦中生まれ)。大学図書館司書として32年間勤務。1970年頃から「日本子どもの本研究会」の会員として、児童文学の普及活動に努めた。著書に『時代(とき)を刻む児童文学』ドメス出版、2006年。

★私の大好きな作家、マイケル・モーパーゴの『フラミンゴ・ボーイ』小学館、2019年

鈴木佐喜子◎すずき・さきこ

元東洋大学教員。『学び手はいかにアイデンティティを構築していくか――保幼小におけるアセスメント実践「学びの物語」』(共訳、ひとなる書房、2020年)の翻訳など、ニュージーランドの「学びの物語」を中心に「保育評価」の研究をしている。

★『ケティー物語』〈世界少女名作全集26〉(スーザン・クーリッジ 原作、三木澄子 編著、岩崎ちひろ さし絵、偕成社、1963年)は、小学生の頃から心に刻まれた作品

田代康子●たしろ・やすこ
絵本と子ども研究者。大学では教育心理学を教え、退職後は保育園で子どもたちに絵本を読み、その反応をもとに心理学の視点で集団保育場面での絵本の楽しさを研究。
★『町からきた少女』（ヴォロンコーワ 作、高杉一郎 訳、岩波少年文庫、1956年）は、小学生のときと同じように今も大好きです

三輪ほう子●みわ・ほうこ
出版社勤務、教育・保育・子どもの貧困問題・子どものあそびなどの本の編集に携わる。1996年より、気まぐれ・ぐうたら・ミニミニ家庭文庫「ぽけっととしょかん」主宰。
★今いちばん好きな絵本は、『PEACE AND ME　わたしの平和――ノーベル平和賞12人の生きかた』アリ・ウィンター 文、ミカエル・エル・ファティ 絵、中井はるの 訳、かもがわ出版、2019年

田中孝彦●たなか・たかひこ
敗戦直後に生まれ、「戦後」の意味を考えながら、子ども思想史・臨床教育学の開拓を試みてきた。著書に、『子ども理解』（岩波書店、2009年）、『子ども理解と自己理解』（かもがわ出版、2012年）などがある。
★古田足日 作、田島征三 え『忍術らくだい生』理論社、1977年

教育科学研究会編集 月刊誌『教育』「子どもと本」欄 紹介書籍一覧 1983年1月号～2018年3月号

年月	タイトル	著　者	出版社	掲載頁
1983				
1月	君は海を見たか	倉本聰	理論社	*
2月	あかんべノンタン など「ノンタン」シリーズ	キヨノサチコ：作・絵	偕成社	*
3月	センダックの世界	セルマ・G・レインズ　渡辺茂男：訳	岩波書店	*
4月	大草原の小さな家 （インガルス一家の物語2）	ローラ・インガルス・ワイルダー：作　恩地三保子：訳　ガース・ウィリアムズ：画	福音館書店	*
5月	イシ　二つの世界に生きたインディアンの物語	シオドーラ・クローバー：作　中野好夫／中村妙子：訳	岩波書店	*
6月	ゲド戦記　三部作	アーシュラ・K．ル＝グウィン：作　清水真砂子：訳	岩波書店	*
7月	おれたちのはばたきを聞け	堀直子：作　長谷川集平：画	童心社	*
8月	ジャズ・カントリー	ナット・ヘントフ　木島始：訳	講談社文庫	*
9月	愛について	ワジム・フロロフ：作　木村浩／新田道雄：訳	岩波書店	*
10月	君たちはどう生きるか	吉野源三郎：著	岩波文庫	*
11月	ひとすじの道　三部作	丸岡秀子	偕成社	*
12月	ぼんぼん／兄貴	今江祥智	理論社	*
1984				
1月	子どもの成長と絵本	中村柾子	大和書房	*
2月	あかちゃん	五味太郎	絵本館	*
	じごくのそうべえ	たじまゆきひこ：作	童心社	*
	みんなうんち	五味太郎：さく	福音館書店	*
	がまんだがまんだうんちっち	梅田俊作／佳子／海緒：作・絵	岩崎書店	*
3月	11ぴきのねこ　シリーズ	馬場のぼる	こぐま社	*
4月	けんぼうは1年生	岸武雄：作　二俣英五郎：絵	ポプラ社	*
	大ちゃんの青い月	吉田とし：作　渡辺安芸夫：絵	金の星社	*
	かなしいぶらんこ	若林利代：作　武部本一郎：画	金の星社	*
	ひさの星	斎藤隆介：作　岩崎ちひろ：絵	岩崎書店	*
5月	日本昔話集成　第三部　笑話	関敬吾：著	角川書店	*
	だんごどっこいしょ	大川悦生：作　長谷川知子：絵	ポプラ社	*
6月	はせがわくんきらいや	長谷川集平：さく	すばる書房	*
7月	学習漫画日本の歴史　全19巻	―	集英社	*
	学習まんが日本の歴史　全16巻	―	学習研究社	*
	学習まんが・少年少女日本の歴史　全22巻	―	小学館	*
	世界の歴史　全15巻	手塚治虫：監修	中央公論社	*
8月	からだと心の成長 （まんが性教育）	福原保子：監修	実業之日本社	*
9月	主婦はつくられる （講座主婦1）「少女マンガの世界」	武田京子／木村栄／田中喜美子：編　宮子あずさ：執筆	汐文社	*
10月	フランバーズ屋敷の人びと　全3巻	K．M．ペイトン：作　掛川恭子：訳	岩波書店	*
11月	卒業の夏	ペイトン　久保田輝男：訳	福武書店	*
	バラの構図	ペイトン：作　掛川恭子：訳	岩波書店	*
	愛のはじまるとき	K・M・ペイトン　石井清子：訳	晶文社	*
12月	あやとりいととり1・2・3	さいとうたま：採取・文　つじむらますろう：絵	福音館書店	*
1985				
1月	家族	吉田とし：作　鈴木義治：絵	理論社	*
2月	家族のゆくえ	A．アレークシン：著　樹下節：訳	理論社	*
3月	みみをすます	谷川俊太郎	福音館書店	*
	ことばあそびうた	谷川俊太郎：詩　瀬川康男：絵	福音館書店	*
4月	はじめてであうすうがくの絵本　全3巻	安野光雅	福音館書店	*
5月	いっぽんの鉛筆のむこうに （たくさんのふしぎ創刊号）	谷川俊太郎：文　坂井信彦ほか：写真　堀内誠一：絵	福音館書店	*
6月	探偵物語／愛情物語	赤川次郎	角川文庫	*
7月	二年間の休暇	J・ベルヌ：作　朝倉剛：訳　太田大八：絵	福音館書店	*
8月	風の谷のナウシカ　全3巻（のち7巻で完結）	宮崎駿	徳間書店	*
9月	お料理が楽しくなるこどもクッキング	高橋敦子／平本福子　たかののりこ：絵	女子栄養大学出版部	*
	こどもがつくるたのしいお料理	婦人之友編集部	婦人之友社	*
10月	マヤの一生	椋鳩十：著　吉井忠：絵	大日本図書	*

年月	タイトル	著　者	出版社	掲載頁
11月	アフリカの飢えた子ら　(手をつなぐ中学生の本48)	幸野堯／近藤伸生／服部仁史：著	民衆社	*
12月	勉強は何のためにするのか	菊地良輔：著	民衆社	*
1986				
1月	おじいちゃん	ジョン・バーニンガム：さく　たにかわしゅんたろう：やく	ほるぷ出版	*
	おじいちゃん　だいすき	W. ハラント：作　C. O. ディモウ：絵　若林ひとみ：訳	あかね書房	*
2月	メイドイン東南アジア　現代の『女工哀史』	塩沢美代子：著	岩波ジュニア新書	*
3月	日本児童文学 85年12月号 対談　幼年文学の現在をめぐって	日本児童文学者協会：編　古田足日・砂田弘	小峰書店	*
4月	ぼくとあいつでおにはそと	伴弘子：著　花井亮子：絵	講談社	*
5月	のんびり転校生事件	後藤竜二：作　田畑精一：絵	新日本出版社	*
6月	アドルフに告ぐ　全4巻	手塚治虫	文藝春秋	*
7月	エーミールと大どろぼう／エーミールとねずみとり	アストリッド=リンドグレーン　尾崎義：訳　ビヨルン=ベルイ：絵	講談社	*
	エーミールと60ぴきのざりがに	リンドグレーン　小野寺百合子：訳	講談社	*
8月	おしいれのぼうけん	ふるたたるひ／たばたせいいち：さく	童心社	*
9月	だれが君を殺したのか	イリーナ・コルシュノウ：作　上田真而子：訳	岩波書店	*
10月	ヨーンじいちゃん	ペーター＝ヘルトリング：作　上田真而子：訳	偕成社	*
11月	写真集・子どもたちの昭和史	「子どもたちの昭和史」編集委員会：編	大月書店	*
12月	おばあちゃん	ペーター＝ヘルトリング：作　上田真而子：訳	偕成社	*
1987				
1月	かむさはむにだ	村中李衣：著　高田三郎：絵	偕成社	*
2月	多恵子ガール	氷室冴子	集英社文庫コバルトシリーズ	*
3月	ひとめあなたに…	新井素子	角川文庫	*
4月	サティン入江のなぞ	フィリパ・ピアス：作　高杉一郎：訳	岩波書店	*
5月	自立にむかう旅 (高校生の本1)	乾彰夫：著	大月書店	*
6月	銀の馬車	C・アドラー：作　足沢良子：訳　北川健次：画	金の星社	*
7月	それいけズッコケ三人組／とびだせズッコケ事件記者	那須正幹：作　前川かずお：絵	ポプラ社	*
	他「ズッコケ三人組」シリーズ　のち50巻で完結	26巻からは　前川かずお：原画　高橋信也：作画	ポプラ社	*
8月	大どろぼうホッツェンプロッツ	プロイスラー：作　中村浩三：訳	偕成社	*
9月	次郎物語　1～5	下村湖人	偕成社	*
	最後のガキ大将	はらたいら	フレーベル館	*
10月	ホットロード　全4巻	紡木たく	集英社コミックス	*
11月	サラダ記念日	俵万智	河出書房新社	*
12月	島っ子　上中下	ちばてつや	草の根出版会	*
1988				
1月	銀の匙	中勘助：作	岩波文庫	*
2月	子どもを見る目を問い直す	古田足日	童心社	*
3月	学校読書調査　1987年版に関連して	—	毎日新聞社	*
4月	源氏物語　あさきゆめみし　1～8　のち15巻で完結	大和和紀	講談社コミックス	*
5月	四つの署名	コナン・ドイル　延原謙：訳	新潮文庫	*
6月	野口英世 (少年少女伝記文学館20)	神戸淳吉：著　吉井忠：画	講談社	*
	野口英世	滑川道夫	講談社火の鳥伝記文庫	*
7月	さと子の日記	鈴木聡子：文　藤沢友一：絵	ひくまの出版	*
8月	モモちゃんとアカネちゃんの本 1～5　のち全6巻	松谷みよ子	講談社	*
9月	ぼくは王さまの本　1～10　のち全21巻	寺村輝夫	理論社	*
	ノンタン　ブランコのせて	キヨノサチコ：作・絵	偕成社	*
10月	くまの子ウーフ	神沢利子：作　井上洋介：絵	ポプラ社	*
11月	泥棒をつかまえろ！	オットー・シュタイガー：作　高柳英子：訳	佑学社	*
12月	銀のうさぎ／ぐみ色の涙	最上一平：著　高田三郎：絵	新日本出版社	*
	ブーちゃんの秋	最上一平：作　久米宏一：絵	新日本出版社	*
1989				
1月	若いやつは失礼	小林道雄：著	岩波ジュニア新書	
2月	子どもたちの今へ向けて　児童文学者からのメッセージ	日本児童文学者協会：編	青木書店	
3月	海のメダカ	皿海達哉：著　長新太：絵	偕成社	
4月	ことわざ絵本　PART 1・2	五味太郎	岩崎書店	

年月	タイトル	著　者	出版社	掲載頁
5月	800番への旅	E. L. カニグズバーグ：作　岡本浜江：訳	佑学社	
6月	十二歳の合い言葉／さよなら十二歳のとき	薫くみこ：作　中島潔：絵	ポプラ社	
7月	はれときどきぶた／あしたぶたの日ぶたじかん　など	矢玉四郎：作・絵	岩崎書店	
8月	片手いっぱいの星	R. シャミ：作　若林ひとみ：訳	岩波書店	
9月	ノルウェイの森　上・下	村上春樹	講談社	
10月	TUGUMI　つぐみ／キッチン	吉本ばなな	中央公論社／福武書店	
11月	草原に雨は降る	シェイラ・ゴードン：作　犬飼和雄：訳	ぬぷん児童図書出版	
12月	四万十川　あつよしの夏	笹山久三	河出書房新社	
1990				
1月	ドラゴンボール1～19　のち34巻で完結	鳥山明	集英社コミックス	
2月	ぼくはジャフタ／ぼくのかあさん／ねえさんのけっこん	ヒュー・ルーウィン：文　リサ・コッパー：絵　多田ひろみ：訳	すぐ書房	
3月	ウォーリーをさがせ！／タイムトラベラーウォーリーをおえ！	マーティン・ハンドフォード：作・絵　唐沢則幸：訳	フレーベル館	
4月	めざめれば魔女	マーガレット・マーヒー：作　清水真砂子：訳	岩波書店	
5月	ちびまる子ちゃん	さくらももこ	集英社コミックス	
6月	パッチンどめはだれにもあげない	長崎夏海：作　茂木智里：絵	岩崎書店	
7月	ぼくの中のぼく	メアリー・ホワイト　越智道雄：訳	評論社	
8月	友だち貸します	石原てるこ：作　永井博：絵	ポプラ社	
9月	笑ゥせぇるすまん　全5巻	藤子不二雄Ⓐ	中央公論社	
10月	地球の健康診断　全5巻	石弘之／木村龍治／小森長生／大島泰郎／ほか	草土文化	
11月	ゼバスチアンからの電話	イリーナ・コルシュノフ：作　石川素子／吉原高志：共訳	福武書店	74
12月	夜明けのうた	ミンフォン・ホー：作　飯島明子：訳　テープスィリ・スクソーパー：絵	佑学社	
	沼のほとりの子どもたち	テープスィリ＝スクソーパー：作　飯島明子：訳	偕成社	
1991				
1月	フォトドキュメント・世界の子どもたち　全35巻	—	偕成社	
2月	クレスカ15歳　冬の終りに	M. ムシェロヴィチ：作　田村和子：訳	岩波書店	
3月	娘に語る祖国	つかこうへい	光文社	
4月	トリトリ5年4組の場合	泉啓子　関口シュン：画	草土文化	
5月	白い手	椎名誠	集英社	
6月	ある15歳の死	陳丹燕：作　中由美子：訳	福武書店	
7月	君はパレスチナを知っているか　パレスチナの100年	奈良本英佑：著	ほるぷ出版	
8月	アルジャーノンに花束を	ダニエル・キイス　小尾芙佐：訳	早川書房	
9月	東京ラブストーリー　全4巻	柴門ふみ	小学館	
10月	児童文学に今を問う	藤田のぼる：著	教育出版センター	
11月	きみたちと朝鮮	尹健次：著	岩波ジュニア新書	
12月	ぎょろ目のジェラルド	アン＝ファイン：作　岡本浜江：訳　浜田洋子：絵	講談社	
1992				
1月	マチルダはちいさな大天才	ロアルド・ダール　クェンティン・ブレイク：絵　宮下嶺夫：訳	評論社	
2月	アイスクリーム・ドリーム	岩瀬成子　長谷川集平	理論社	
3月	綿菓子	江國香織	理論社	
4月	青春デンデケデケデケ	芦原すなお	河出書房新社	
5月	わたしの仕事全1冊　心を語る229名の人びと	今井美沙子：著　今井祝雄：写真	理論社	
6月	絵本・イメージの森　全11冊	荒井良二／吉田カツ／和田誠ほか	ほるぷ出版	
7月	つみつみニャー	長新太：作・画	あかね書房	
	キャベツくん	長新太：文・絵	文研出版	36
	ムニャムニャゆきのバス	長新太	ほるぷ出版	
8月	夜の鳥	トールモー・ハウゲン　山口卓文：訳	福武文庫	
	ひとりだけのコンサート	ペーター＝ヘルトリング：作　上田真而子：訳	偕成社	
9月	リトル・トリー	フォレスト・カーター：著　和田穹男：訳	めるくまーる	
10月	それいけ×ココロジー	それいけ!!ココロジー：編	青春出版社	
11月	800	川島誠	マガジンハウス	
12月	モーニング・レイン　十七歳の日記1973	井上一馬	新潮社	
1993				
1月	ビターチョコレート	ミリアム・プレスラー：作　中野京子：訳	さ・え・ら書房	

年月	タイトル	著　者	出版社	掲載頁
2月	野菊とバイエル	千刈あがた	集英社	
3月	山田ババアに花束を	花井愛子	講談社X文庫	
	時の輝き	折原みと	講談社X文庫	
4月	夏の庭　The Friends	湯本香樹実	福武書店	
5月	クレヨンしんちゃん　1～4　のち50巻で完結	臼井儀人	双葉社	
6月	ゆうたくんちのいばりいぬシリーズ　現在11作	きたやまようこ：作	あかね書房	32
	りっぱな犬になる方法	きたやまようこ	理論社	
7月	輪切り図鑑　クロスセクション	スティーヴン・ビースティー：画　リチャード・プラット：文　北森俊行：訳	岩波書店	
8月	ビーストの影	ジャニ・ハウカー　田中美保子：訳	レターボックス社	
9月	ぼくは勉強ができない	山田詠美	新潮社	
10月	ねんどの神さま	那須正幹：作　武田美穂：絵	ポプラ社	
11月	まど・みちお全詩集	伊藤英治：編	理論社	
12月	先生志願	奥田継夫	岩崎書店	
1994				
1月	ぼくらのSEX	橋本治	集英社	
2月	「従軍慰安婦」にされた少女たち	石川逸子：著	岩波ジュニア新書	
3月	誰が石を投げたのか？	ミリアム・プレスラー：作　松沢あさか：訳	さ・え・ら書房	
4月	17歳のポケット	山田かまち	集英社	
	青い炎　山田かまち作品集	山田かまち	学習研究社	
	悩みはイバラのようにふりそそぐ　山田かまち詩画集	山田かまち	筑摩書房	
5月	あたし天使あなた悪魔	田島みるく	婦人生活社	
	おなかほっぺおしり／コドモより親が大事	伊藤比呂美	婦人生活社	
	良いおっぱい悪いおっぱい	伊藤比呂美：文+イラスト	冬樹社	
6月	スラムダンク　SLAM DUNK　1～17　のち31巻で完結	井上雄彦	集英社ジャンプコミックス	
7月	幽遊白書1～17　のち19巻で完結	冨樫義博	集英社ジャンプコミックス	
8月	かようびのよる	デヴィッド・ウィーズナー：作　当麻ゆか：訳	福武書店	
	1999年06月29日	デイヴィッド・ウィーズナー：作　江國香織：訳	ブックローン出版	
9月	どうぶつなぜなぜずかん　全8巻	アニタ・ガネリ：ぶん　沢近十九一：やく	草土文化	
10月	ジリーの庭で	エレン・ハワード：作　寺岡襄：訳　渡辺則子：絵	ほるぷ出版	
	ファザーファッカー	内田春菊	文藝春秋	
11月	おおきな一日	長倉洋海：写真　坂文子：文	佑学社	
	フォト・ジャーナリストの眼	長倉洋海：著	岩波新書	
12月	シロクマたちのダンス	ウルフ・スタルク　菱木晃子：訳　堀川理万子：絵	佑学社	110
1995				
1月	ディア　ノーバディ	バーリー・ドハティ　中川千尋：訳	新潮社	72
2月	天使の自立　上・下	シドニィ・シェルダン：作	アカデミー出版	
3月	おさるのまいにち／おさるはおさる　現在シリーズ10作	いとうひろし：作・絵	講談社	34
4月	エヴァが目ざめるとき	ピーター・ディッキンソン：作　唐沢則幸：訳	徳間書店	
5月	われらスキンヘッズ	マリー・ハーゲマン　天沼春樹：訳	ほるぷ出版	
6月	クレージー・バニラ	バーバラ・ワースバ：作　斉藤健一：訳	徳間書店	
7月	みんなのかお	さとうあきら：写真　とだきょうこ：文	福音館書店	
8月	フリー・スクール	オットー・シュタイガー：著　高柳英子：訳　永田智子：画	リブリオ出版	
9月	龍平の未来　エイズと闘う19歳	広河隆一／川田悦子	講談社	
10月	愛はプライドより強く	辻仁成	幻冬舎	
11月	山中恒児童よみもの選集　全20巻	山中恒	読売新聞社	
12月	ソフィーの世界	ヨースタイン・ゴルデル：著　須田朗：監修　池田香代子：訳	日本放送出版協会	
1996				
1月	海がきこえる	氷室冴子	徳間書店	70
2月	落第忍者乱太郎　1～18巻　のち65巻で完結	尼子騒兵衛	あさひコミックス	
	忍たま乱太郎シリーズ	尼子騒兵衛	ポプラ社	
3月	こそあどの森の物語　1～3　その後全12巻	岡田淳	理論社	
4月	ヒサクニヒコの不思議図鑑②カッパの生活図鑑	ヒサクニヒコ：文・絵	国土社	
5月	八月六日上々天氣	長野まゆみ	河出書房新社	

年月	タイトル	著　　者	出版社	掲載頁
	上海少年	長野まゆみ	集英社	
6月	潮風のおくりもの	パトリシア・マクラクラン：作　掛川恭子：訳	偕成社	
7月	ハムスターの研究レポート　1～4　その後全9巻	大雪師走	偕成社	
8月	ごめん	ひこ・田中	偕成社	
9月	白狐魔記・源平の風	斉藤洋	偕成社	
10月	わたしのせいじゃない　せきにんについて	レイフ・クリスチャンソン：文　にもんじまさあき：訳　ディック・ステンベリ：絵	岩崎書店	108
11月	ふたりはふたご	田島征彦／田島征三	くもん出版	
	絵の中のぼくの村	田島征三	くもん出版	
12月	おやすみなさい コッコさん／コッコさんのともだち	片山健：さく・え	福音館書店	
1997				
1月	フィオナの海	ロザリー・K・フライ　矢川澄子：訳	集英社	
2月	めぐりめぐる月	シャロン・クリーチ　もきかずこ：訳	講談社	
3月	よい子への道	おかべりか	福音館書店	
4月	薄紅天女	荻原規子：作	徳間書店	
5月	雪あらしの町	ヴァジニア・ハミルトン：作　掛川恭子：訳	岩波書店	
6月	出発点1979～1996	宮崎駿　スタジオジブリ：編	徳間書店	
7月	少年H　上・下	妹尾河童	講談社	
8月	ちいさな労働者　写真家ルイス・ハインの目がとらえた子どもたち	ラッセル・フリードマン：著　千葉茂樹：訳	あすなろ書房	
9月	精霊の守り人	上橋菜穂子：作　二木真希子：絵	偕成社	
10月	しゃべる詩あそぶ詩きこえる詩／みえる詩あそぶ詩きこえる詩	はせみつこ：編　飯野和好：絵	冨山房	194
11月	父がしたこと	ニール・シャスターマン：作　唐沢則幸：訳	くもん出版	
12月	どんぐりの家	山本おさむ	小学館	
1998				
1月	裏庭	梨木香歩	理論社	
2月	君はこの国を好きか	鷺沢萠	新潮社	
3月	しらんぷり	梅田俊作／佳子：作・絵	ポプラ社	106
4月	超・ハーモニー	魚住直子	講談社	
	両手のなかの海	西田俊也：作	徳間書店	
5月	あなたが守る　あなたの心・あなたのからだ	森田ゆり：作　平野恵里子：絵	童話館出版	
6月	しゃべれどもしゃべれども	佐藤多佳子	新潮社	
7月	どうぶつえんガイド　よんでたのしい！いってたのしい！	あべ弘士：さく・え　なかのまさたか：デザイン	福音館書店	
8月	ワトソン一家に天使がやってくるとき	クリストファー・ポール・カーティス：作　唐沢則幸：訳	くもん出版	
9月	ヤンネ、ぼくの友だち	ペーテル・ポール：作　ただのただお：訳	徳間書店	104
10月	新しい森	小川みなみ：作　矢吹申彦：絵	講談社	
11月	egg　1998年8月号	—	ミリオン出版	
	Cawaii！　1998年8月号	—	主婦の友社	
	東京ストリートニュース！　1998年8月号	—	学研	
12月	筋ジストロフィーとたたかうステファン	トーマス・ベリイマン：写真・文　石井登志子：訳	偕成社	
1999				
1月	世界でいちばんゴリラのブルブル	わしおとしこ：さく	旺文社	
2月	カラフル	森絵都	理論社	
3月	猫の帰還	ロバート・ウェストール：作　坂崎麻子：訳	徳間書店	
4月	町工場・スーパーなものづくり	小関智弘	筑摩書房	
5月	へびのしっぽ	二宮由紀子：さく　荒井良二：え	草土文化	
6月	五体不満足	乙武洋匡	講談社	
7月	これが「わたしの顔」	村澤博人	ポプラ社	
8月	鬼の橋	伊藤遊：作　太田大八：画	福音館書店	
9月	彼の名はヤン	イリーナ・コルシュノフ：作　上田真而子：訳	徳間書店	
10月	おばけとあそぼう	ねもといさむ：作　おがわよしこ：絵	偕成社	
	おばけになろう	藤田勝治：作・絵	童心社	
	おばけだゾォ～　子どもと作るカラクリおばけ	藤田勝治：著	一声社	
11月	ナイフ	重松清	新潮社	
12月	レモネードを作ろう	ヴァージニア・ユウワー・ウルフ：作　こだまともこ：訳	徳間書店	102

年月	タイトル	著　者	出版社	掲載頁
2000				
1月	神童　全4巻	さそうあきら	双葉社コミックス	
2月	エマおばあちゃん	ウェンディ・ケッセルマン：文　バーバラ・クーニー：絵　もきかずこ：訳	徳間書店	
3月	カレジの決断	アイビーン・ワイマン：作　瓜生知寿子：訳　中村悦子：絵	偕成社	
4月	もちろん返事をまってます	ガリラ・ロンフェデル・アミット：作　母袋夏生：訳　安藤由紀：絵	岩崎書店	
5月	レーナ	ジャクリーン・ウッドソン：作　さくまゆみこ：訳	理論社	
6月	穴　HOLES	ルイス・サッカー　幸田敦子：訳	講談社	
7月	ONE PIECE　1～13　97巻まで刊行中	尾田栄一郎	集英社コミックス	
8月	人権の絵本　全6巻	喜多明人／岩川直樹／満川尚美／岩辺泰吏：編　木原千春：絵	大月書店	
9月	ストライプ　たいへん！　しまもようになっちゃった	デヴィッド・シャノン：文と絵　清水奈緒子：訳	セーラー出版	54
10月	ファッションデザイナー　ココ・シャネル	実川元子：著	理論社	
11月	ハッピー・バースデー	青木和雄	金の星社	
12月	永遠の仔　上・下	天童荒太	幻冬舎	
2001				
1月	【不掲載】			
2月	ほら、きのこが…	越智典子：文　伊沢正名：写真	福音館書店	42
3月	GO	金城一紀	講談社	
4月	ゾウの王パパ・テンボ	エリック・キャンベル：作　さくまゆみこ：訳　有明睦五郎：挿絵	徳間書店	186
5月	ハリー・ポッターと賢者の石／ハリー・ポッターと秘密の部屋	J. K. ローリング：作　松岡佑子：訳	静山社	
	その後刊行続く			
6月	ブループリント	シャルロッテ・ケルナー　　鈴木仁子：訳	講談社	100
7月	17歳の軌跡	橋口譲二	文藝春秋	
8月	丘の家、夢の家族	キット・ピアソン：作　本多英明：訳	徳間書店	
9月	ねぎぼうずのあさたろう　その1から3　その9まで刊行	飯野和好：作	福音館書店	
10月	スターガール	ジェリー・スピネッリ　千葉茂樹：訳	理論社	
11月	川の上で	ヘルマン・シュルツ：作　渡辺広佐：訳	徳間書店	
12月	Little Selections　あなたのための小さな物語　全8巻	赤木かん子：編	ポプラ社	
2002				
1月	のにっき　野日記	近藤薫美子	アリス館	44
2月	彼の手は語りつぐ	パトリシア・ポラッコ　千葉茂樹：訳	あすなろ書房	138
3月	家出の日	キース・グレイ：作　まえざわあきえ：訳　コヨセ・ジュンジ：挿絵	徳間書店	
4月	ヒカルの碁　1～15　23巻で完結	ほったゆみ：原作　小畑健：漫画　梅沢由香里：監修	集英社コミックス	
5月	13歳の沈黙　カニグズバーグ作品集9	E.L.カニグズバーグ　小島希里：訳	岩波書店	98
6月	詩ってなんだろう	谷川俊太郎	筑摩書房	196
7月	サブカルチャー反戦論	大塚英志	角川書店	
8月	家なき鳥	グロリア・ウィーラン　代田亜香子：訳	白水社	182
9月	あらしのよるに　1～6　その後全7巻	木村裕一：作　あべ弘士：絵	講談社	
10月	あたしンち　1～7　その後17巻まで刊行	けらえいこ	メディアファクトリー	
11月	バッテリー　ⅠからⅣ　全6巻で完結	あさのあつこ　佐藤真紀子：絵	教育画劇	
12月	風をつむぐ少年	ポール・フライシュマン　片岡しのぶ：訳	あすなろ書房	184
2003				
1月	トラベリング・パンツ	アン・ブラッシェアーズ：著　大嶌双恵：訳	理論社	68
2月	どうぶつはやくちあいうえお／どうぶつはいくあそび	きしだえりこ：作　かたやまけん：絵	のら書店	
	どうぶつことわざえほん	きたやまようこ	のら書店	
3月	おばあちゃんはハーレーにのって	ニーナ・ボーデン：作　こだまともこ：訳	偕成社	
4月	麦ふみクーツェ	いしいしんじ	理論社	
5月	そばかすイェシ	ミリヤム・プレスラー：作　齋藤尚子：訳　山西ゲンイチ：絵	徳間書店	
6月	わたしのて	ジーン・ホルゼンターラー：ぶん　ナンシー・タフリ：え　はるみこうへい：やく	童話館出版	48
7月	パパのカノジョは	ジャニス・レヴィ：作　クリス・モンロー：絵　もん：訳	岩崎書店	
	リューンノールの庭	松本祐子：作　佐竹美保：絵	小峰書店	
8月	きれいな絵なんかなかった　こどもの日々、戦争の日々	アニタ・ローベル　小島希里：訳	ポプラ社	
9月	やさしいことばで日本国憲法	池田香代子：訳　C. ダグラス・ラミス：監修・解説	マガジンハウス	198
10月	みんなワッフルにのせて	ポリー・ホーヴァート：著　代田亜香子：訳	白水社	

年月	タイトル	著　　者	出版社	掲載頁
11月	夜中に犬に起こった奇妙な事件	マーク・ハッドン　小尾芙佐：訳	早川書房	152
12月	サンサン	曹文軒　中由美子：訳　和歌山静子：絵	てらいんく	
2004				
1月	ヘルタースケルター	岡崎京子	祥伝社	
2月	4TEEN	石田衣良	新潮社	
3月	子どもと本の明日　魅力ある児童文学を探る	日本児童文学者協会：編　古田足日：編集代表	新日本出版社	
4月	キットの法	ドナ・モリッシー　金原瑞人／大谷真弓：訳	青山出版社	
5月	13歳のハローワーク	村上龍　はまのゆか：絵	幻冬舎	
6月	二つの旅の終わりに	エイダン・チェンバーズ：作　原田勝：訳	徳間書店	
7月	宇宙でいちばんあかるい屋根	野中ともそ	ポプラ社	
8月	ジャンポールという名の魚	ブリジット・スマッジャ：作　末松氷海子：訳　小泉るみ子：絵	文研出版	
9月	う・ん・ち	なかのひろみ：ぶん　ふくだとよふみ：しゃしん	福音館書店	
	ずら～りウンチ　ならべてみると…	小宮輝之：監修　西川寛：構成・文　友永たろ：絵	アリス館	
10月	(ふつうじゃない人をめざした) シーダー・B・ハートリーのまるきり嘘ではない話	マータイン・マレイ　斎藤倫子：訳	主婦の友社	
11月	ウェルカム・ホーム！	鷺沢萠	新潮社	96
12月	博士の愛した数式	小川洋子	新潮社	
2005				
1月	夜のピクニック	恩田陸	新潮社	
2月	20世紀少年　1～8　22巻で完結	浦沢直樹	小学館コミックス	
3月	海のはてまで連れてって	アレックス・シアラー　金原瑞人：訳	ダイヤモンド社	
4月	9歳の人生	ウィ・ギチョル　清水由希子：訳	河出書房新社	
5月	チューリップ タッチ	アン・ファイン：作　灰島かり：訳	評論社	
6月	父親になったジョナサン	ロバート・サンチェス：文　クリス・シュナイダー：写真　上田勢子：訳	大月書店	
7月	夕凪の街 桜の国	こうの史代	双葉社コミックス	118
8月	野ブタ。をプロデュース	白岩玄	河出書房新社	
9月	正しい保健体育	みうらじゅん	理論社	
10月	タトゥー ママ	ジャクリーン・ウィルソン：作　小竹由美子：訳　ニック・シャラット：絵	偕成社	94
11月	バスの女運転手	ヴァンサン・キュヴェリエ：作　キャンディス・アヤット：画　伏見操：訳	くもん出版	66
12月	ミエナイ彼女ト、ミエナイ僕。	アンドリュー・クレメンツ：作　坂本貢一：訳	求龍堂	
2006				
1月	12歳の絵本　6人の子どもたちの物語	佐藤マチ子	草思社	
2月	今ここにいるぼくらは	川端裕人	集英社	
3月	花まんま	朱川湊人	文藝春秋	
4月	青春のオフサイド	ロバート・ウェストール：作　小野寺健：訳	徳間書店	
5月	くものすおやぶんとりものちょう	秋山あゆ子：さく	福音館書店	
6月	かはたれ　散財ガ池の河童猫	朽木祥：作　山内ふじ江：画	福音館書店	
7月	ある秘密	フィリップ・グランベール　野崎歓：訳	新潮社	
8月	【不掲載】			
9月	コンビニ弁当16万キロの旅	コンビニ弁当探偵団：文　千葉保：監修　高橋由為子：絵	太郎次郎社エディタス	
	沈黙のはてに	アラン・ストラットン　さくまゆみこ：訳	あすなろ書房	
10月	イノセント・ボイス　12歳の戦場	オスカー・トレス：著　曽根原美保：編訳	竹書房	
11月	サウスバウンド	奥田英朗	角川書店	
12月	その歌声は天にあふれる	ジャミラ・ガヴィン：作　野の水生：訳	徳間書店	
2007				
1月	渋谷	藤原新也	東京書籍	
2月	木槿の咲く庭　スンヒィとテヨルの物語	リンダ・スー・パーク　柳田由紀子：訳	新潮社	
3月	ホームレスだったぼくから、きみたちへ	松井計：文　磯倉哲：絵	実業之日本社	
4月	風が強く吹いている	三浦しをん	新潮社	
5月	両親をしつけよう！	ピート・ジョンソン：作　岡本浜江：訳　ささめやゆき：絵	文研出版	
6月	四度目の氷河期	荻原浩	新潮社	
7月	わたしの、好きな人	八束澄子	講談社	
8月	愛をみつけたうさぎ　エドワード・テュレインの奇跡の旅	ケイト・ディカミロ：作　バグラム・イバトーリーン：絵　子安亜弥：訳	ポプラ社	
9月	鈴木先生　1～4　のち全11巻	武富健治	双葉社コミックス	

年月	タイトル	著　　者	出版社	掲載頁
10月	生きさせろ！　難民化する若者たち	雨宮処凛	太田出版	
11月	Aはアフリカのﾑ	イフェオマ・オニェフル：作・写真　さくまゆみこ：訳	偕成社	
12月	ビッグTと呼んでくれ	K．L．ゴーイング：作　浅尾敦則：訳	徳間書店	
2008				
1月	ぼくがラーメンたべてるとき	長谷川義史	教育画劇	38
2月	ボーイ・キルズ・マン	マット・ワイマン：作　長友恵子：訳　ゴトウヒロシ：絵	鈴木出版	156
3月	空からおちてきた男	ジェラルディン・マコックラン：作　金原瑞人：訳　佐竹美保：絵	偕成社	
4月	めくってびっくり短歌絵本　全5巻	穂村弘：編	岩崎書店	192
5月	小鳥たちが見たもの	ソーニャ・ハートネット：著　金原瑞人／田中亜希子：訳	河出書房新社	
6月	ジャック・デロシュの日記　隠されたホロコースト	ジャン・モラ：作　横川晶子：訳	岩崎書店	134
7月	遊んで遊んで　リンドグレーンの子ども時代	クリスティーナ・ビヨルク：文　エヴァ・エリクソン：絵　石井登志子：訳	岩波書店	
8月	幸子の庭	本多明	小峰書店	
9月	カミングアウト・レターズ	ＲＹＯＪＩ／砂川秀樹：編	太郎次郎社エディタス	
10月	戸村飯店　青春100連発	瀬尾まいこ	理論社	
11月	永遠平和のために	イマヌエル・カント　池内紀：訳	集英社	
12月	荷抜け	岡崎ひでたか	新日本出版社	
2009				
1月	おばけかぞくのいちにち／おばけのおつかい	西平あかね：さく	福音館書店	
2月	フィッシュ	L．S．マシューズ：作　三辺律子：訳	鈴木出版	
3月	フェリックスとお金の秘密	ニコラウス・ピーパー：作　天沼春樹：訳	徳間書店	
4月	エマ・ジーン・ラザルス、木から落ちる	ローレン・ターシス：作　部谷真奈実：訳	主婦の友社	
5月	縞模様のパジャマの少年	ジョン・ボイン：作　千葉茂樹：訳	岩波書店	
6月	タチコギ	三羽省吾	幻冬舎	92
7月	楽園に降った死の灰　(シリーズ核汚染の地球1)	森住卓	新日本出版社	124
8月	殺人者の涙	アン＝ロール・ボンドゥ　伏見操：訳	小峰書店	
9月	ムーンレディの記憶	E・L・カニグズバーグ：作　金原瑞人：訳	岩波書店	
10月	この世でいちばん大事な「カネ」の話	西原理恵子	理論社	
11月	あつまるアニマル	ブライアン・ワイルドスミス：作　アーサー・ビナード：訳	講談社	190
12月	ロジーナのあした　孤児列車に乗って	カレン・クシュマン：作　野沢佳織：訳	徳間書店	132
2010				
1月	ゴーストアビー	ロバート・ウェストール：著　金原瑞人：訳	あかね書房	
2月	ヴァイオレットがぼくに残してくれたもの	ジェニー・ヴァレンタイン　富永星：訳	小学館	
3月	学問	山田詠美	新潮社	
4月	反撃	草野たき	ポプラ社	
5月	リキシャ★ガール	ミタリ・パーキンス　ジェイミー・ホーガン：絵　永瀬比奈：訳	鈴木出版	
6月	マルベリーボーイズ	ドナ・ジョー・ナポリ　相山夏奏：訳	偕成社	
7月	貧困を考えよう	生田武志：著	岩波ジュニア新書	158
8月	かあさんをまつふゆ	ジャクリーン・ウッドソン：文　E．B．ルイス：絵　さくまゆみこ：訳	光村教育図書	52
9月	白い花と鳥たちの祈り	河原千恵子	集英社	90
10月	ライオンとであった少女	バーリー・ドハーティ：著　斎藤倫子：訳	主婦の友社	
11月	オシムからの旅（よりみち！パンセ）	木村元彦	理論社	126
12月	野の花えほん 春と夏の花／野の花えほん 秋と冬の花	前田まゆみ：作	あすなろ書房	
2011				
1月	はみだしインディアンのホントにホントの物語	シャーマン・アレクシー　エレン・フォーニー：絵　さくまゆみこ：訳	小学館	180
2月	つづきの図書館	柏葉幸子：作　山本容子：絵	講談社	
3月	ぼくとリンダと庭の船	ユルゲン・バンシェルス：作　若松宣子：訳	偕成社	
4月	モーツァルトはおことわり	マイケル・モーパーゴ：作　マイケル・フォアマン：絵　さくまゆみこ：訳	岩崎書店	
5月	おれのおばさん	佐川光晴	集英社	
6月	ひそやかな花園	角田光代	毎日新聞社	
7月	あかちゃんがやってくる	ジョン・バーニンガム：作　ヘレン・オクセンバリー：絵　谷川俊太郎：訳	イースト・プレス	46
8月	ボグ・チャイルド	シヴォーン・ダウド　千葉茂樹：訳	ゴブリン書房	128
9月	スピリットベアにふれた島	ベン・マイケルセン：作　原田勝：訳	鈴木出版	178
10月	風をつかまえた少年	ウィリアム・カムクワンバ　ブライアン・ミーラー　田口俊樹：訳　池上彰：解説	文藝春秋	

年月	タイトル	著　者	出版社	掲載頁
11月	三陸海岸大津波	吉村昭	文春文庫	
12月	ミンのあたらしい名前	ジーン・リトル：著　田中奈津子：訳	講談社	
2012				
1月	たかこ	清水真裕：文　青山友美：絵	童心社	
2月	子どもたちに伝えたい―原発が許されない理由	小出裕章	東邦出版	120
3月	みえない雲	グードルン・パウゼヴァング　高田ゆみ子：訳	小学館文庫	
4月	鉄のしぶきがはねる	まはら三桃	講談社	
5月	千年の森をこえて	キャシー・アッペルト：著　片岡しのぶ：訳　デイビッド・スモール：絵	あすなろ書房	
6月	なずな	堀江敏幸	集英社	
7月	パパと怒り鬼　話してごらん、だれかに	グロー・ダーレ：作　スヴァイン・ニーフース：絵　大島かおり／青木順子：共訳	ひさかたチャイルド	88
8月	100かいだてのいえ	いわいとしお	偕成社	
9月	ともだちは実はひとりだけなんです	平岡あみ：短歌　穂村弘：解説　宇野亜喜良：絵	ビリケン出版	
10月	シーグと拳銃と黄金の謎	マーカス・セジウィック　小田原智美：訳	作品社	
11月	ぼくたちとワッフルハート	マリア・パル：作　松沢あさか：訳　堀川理万子：絵	さ・え・ら書房	
12月	【不掲載】			
2013				
1月	だ〜れだ？／おしり？／びゅ〜ん　びょ〜ん	ふじわらこういち：しゃしん・ぶん	新日本出版社	40
2月	灰色の地平線のかなたに	ルータ・セペティス：作　野沢佳織：訳	岩波書店	
3月	父と息子のフィルム・クラブ	デヴィッド・ギルモア　高見浩：訳	新潮社	
4月	そこに僕らは居合わせた	グードルン・パウゼヴァング　高田ゆみ子：訳	みすず書房	136
5月	ろばのとしょかん　コロンビアでほんとうにあったおはなし	ジャネット・ウィンター：文と絵　福本友美子：訳	集英社	50
	こないかな、ロバのとしょかん	モニカ・ブラウン：文　ジョン・パッラ：絵　斉藤規：訳	新日本出版社	50
6月	真夜中の動物園	ソーニャ・ハートネット　野沢佳織：訳	主婦の友社	
7月	銀の匙　Silver Spoon　1〜7　刊行中	荒川弘	小学館コミックス	
8月	シフト	ジェニファー・ブラッドベリ　小梨直：訳	福音館書店	64
9月	楽園のカンヴァス	原田マハ	新潮社	
10月	天狗ノオト	田中彩子	理論社	176
11月	モッキンバード	キャスリン・アースキン　ニキリンコ：訳	明石書店	
12月	パンとバラ　ローザとジェイクの物語	キャサリン・パターソン：作　岡本浜江：訳	偕成社	
2014				
1月	チャーシューの月	村中李衣：作　佐藤真紀子：絵	小峰書店	86
2月	テラプト先生がいるから	ロブ・ブイエー：作　西田佳子：訳	静山社	84
3月	さよならを待つふたりのために	ジョン・グリーン：作　金原瑞人／竹内茜：訳	岩波書店	62
4月	地球ものがたり　インカの村に生きる他（のち全4巻）	関野吉晴	ほるぷ出版	174
5月	日ざかり村に戦争がくる	フアン・ファリアス：作　宇野和美：訳　堀越千秋：画	福音館書店	
6月	ふたり	福田隆浩	講談社	
7月	あん	ドリアン助川	ポプラ社	154
8月	庭師の娘	ジークリート・ラウベ：作　若松宣子：訳　中村悦子：絵	岩波書店	
9月	浮いちゃってるよ、バーナビー！	ジョン・ボイン　オリヴァー・ジェファーズ：画　代田亜香子：訳	作品社	
10月	ぼくの守る星	神田茜	集英社	150
11月	石を抱くエイリアン	濱野京子	偕成社	122
12月	カブトムシ山に帰る	山口進：著	汐文社	
2015				
1月	路上のストライカー	マイケル・ウィリアムズ：作　さくまゆみこ：訳	岩波書店	172
2月	雨の降る日は学校に行かない	相沢沙呼	集英社	
3月	よふかしにんじゃ	バーバラ・ダ・コスタ：文　エド・ヤング：絵　長谷川義史：訳	光村教育図書	
	あかにんじゃ	穂村弘：作　木内達朗：絵	岩崎書店	
	おにぎりにんじゃ	北村裕花	講談社	
4月	おばけやしきにおひっこし／まほうつかいのトビィ	カズノ・コハラ：作　石津ちひろ：訳	光村教育図書	
	ふゆのようせいジャック・フロスト／よるのとしょかん	〃	〃	
5月	時のむこうに　いま、ここにいる	山口理：作　最上さちこ：絵	偕成社	
6月	希望の海へ	マイケル・モーパーゴ：作　佐藤見果夢：訳	評論社	130
7月	聲の形　こえのかたち　全7巻	大今良時	講談社コミックス	22